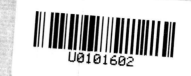

国学十三经　五

孟子

线装书局

孟子

梁惠王上

孟子见梁惠王。王曰：『叟不远千里而来，亦将有以利吾国乎？』

孟子对曰：『王何必曰利？亦有仁义而已矣。王曰：「何以利吾国？」大夫曰：「何以利吾家？」士、庶人曰：「何以利吾身？」上下交征利而国危矣。万乘之国，弑其君者，必千乘之家；千乘之国，弑其君者，必百乘之家。万取千焉，千取百焉，不为不多矣。苟为后义而先利，不夺不餍。未有仁而遗其亲者也，未有义而后其君者也。王亦曰仁义而已矣，何必曰利？』

孟子见梁惠王。王立于沼上，顾鸿雁麋鹿，曰：『贤者亦乐此乎？』

孟子对曰：『贤者而后乐此，不贤者虽有此，不乐也。《诗》云：「经始灵台，经之营之。庶民攻之，不日成之。经始勿亟，庶民子来。王在灵囿，麀鹿攸伏。麀鹿濯濯，白鸟鹤鹤。王在灵沼，于牣鱼跃。」文王以民力为台为沼，而民欢乐之，谓其台曰「灵台」，谓其沼曰「灵沼」，乐其有麋鹿鱼鳖。古之人与民偕乐，故能乐也。《汤誓》曰：「时日害丧？予及女偕亡！」民欲与之偕亡，虽有台池鸟兽，岂能独乐哉？』

梁惠王曰：『寡人之于国也，尽心焉耳矣！河内凶，则移其民于河东，移其粟于河内；河东凶亦然。察邻国之政，无如寡人之用心者。邻国之民不加少，寡人之民不加多，何也？』

孟子对曰：『王好战，请以战喻。填然鼓之，兵刃既接，弃甲曳兵而走，或百步而后止，或五十步而后止。以五十步笑百步，则何如？』

曰：『不可。直不百步耳，是亦走也。』

曰：『王如知此，则无望民之多于邻国也。

『不违农时，谷不可胜食也；数罟不入洿池，鱼鳖不可胜食也；斧斤以时入山林，材木不可胜用也。谷与鱼鳖不可胜食，材木不可胜用，是使民养生丧死无憾也。养生丧死无憾，王道之始也。

『五亩之宅，树之以桑，五十者可以衣帛矣；鸡豚狗彘之畜，无失其时，七十者可以食肉矣；百亩之田，勿夺其时，数口之家可以无饥矣；谨

庠序之教，申之以孝悌之义，颁白者不负戴于道路矣。七十者衣帛食肉，黎民不饥不寒，然而不王者，未之有也。

『狗彘食人食而不知检，涂有饿莩而不知发；人死，则曰：「非我也，岁也。」是何异于刺人而杀之，曰：「非我也，兵也。」王无罪岁，斯天下之民至焉。』

梁惠王曰：『寡人愿安承教。』

孟子对曰：『杀人以梃与刃，有以异乎？』

曰：『无以异也。』

『以刃与政，有以异乎？』

曰：『无以异也。』

曰：『庖有肥肉，厩有肥马，民有饥色，野有饿莩，此率兽而食人也。兽相食，且人恶之；为民父母，行政不免于率兽而食人，恶在其为民父母也？仲尼曰：「始作俑者，其无后乎！」为其象人而用之也。如之何其使斯民饥而死也？』

梁惠王曰：『晋国，天下莫强焉，叟之所知也。及寡人之身，东败于齐，长子死焉；西丧地于秦七百里；南辱于楚。寡人耻之，愿比死者一洒之。如之何则可？』

孟子对曰：『地方百里而可以王。王如施仁政于民，省刑罚，薄税敛，深耕易耨；壮者以暇日修其孝悌忠信，入以事其父兄，出以事其长上，可使制梃以挞秦楚之坚甲利兵矣。

『彼夺其民时，使不得耕耨以养其父母，父母冻饿，兄弟妻子离散。彼陷溺其民，王往而征之，夫谁与王敌？故曰：「仁者无敌。」王请勿疑！』

孟子见梁襄王。出，语人曰：『望之不似人君，就之而不见所畏焉。卒然问曰：「天下恶乎定？」吾对曰：「定于一。」「孰能一之？」对曰：「不嗜杀人者能一之。」「孰能与之？」对曰：「天下莫不与也。王知夫苗乎？七八月之间旱，则苗槁矣。天油然作云，沛然下雨，则苗浡然兴之矣。其如是，孰能御之？今夫天下之人牧，未有不嗜杀人者也。如有不嗜杀人者，则天下之民皆引领而望之矣。诚如是也，民归之，由水之就下，沛然谁

能御之？』

齐宣王问曰：『齐桓、晋文之事，可得闻乎？』

孟子对曰：『仲尼之徒，无道桓、文之事者，是以后世无传焉，臣未之闻也。无以，则王乎？』

曰：『德何如则可以王矣？』

曰：『保民而王，莫之能御也。』

曰：『若寡人者，可以保民乎哉？』

曰：『可。』

曰：『何由知吾可也？』

曰：『臣闻之胡龁曰，王坐于堂上，有牵牛而过堂下者，王见之，曰：「牛何之？」对曰：「将以衅钟。」王曰：「舍之！吾不忍其觳觫，若无罪而就死地。」对曰：「然则废衅钟与？」曰：「何可废也？以羊易之。」不识有诸？』

曰：『有之。』

曰：『是心足以王矣。百姓皆以王为爱也，臣固知王之不忍也。』

王曰：『然！诚有百姓者，齐国虽褊小，吾何爱一牛？即不忍其觳觫，若无罪而就死地，故以羊易之也。』

曰：『王无异于百姓之以王为爱也。以小易大，彼恶知之？王若隐其无罪而就死地，则牛羊何择焉？』

王笑曰：『是诚何心哉？我非爱其财而易之以羊也。宜乎百姓之谓我爱也。』

曰：『无伤也，是乃仁术也，见牛未见羊也。君子之于禽兽也，见其生，不忍见其死；闻其声，不忍食其肉。是以君子远庖厨也。』

王说，曰：『《诗》云：「他人有心，予忖度之。」夫子之谓也。夫我乃行之，反而求之，不得吾心。夫子言之，于我心有戚戚焉。此心之所以合于王者，何也？』

曰：『有复于王者曰：「吾力足以举百钧，而不足以举一羽；明足以察秋毫之末，而不见舆薪。」则王许之乎？』

曰：『否。』

『今恩足以及禽兽，而功不至于百姓者，独何与？然则一羽之不举，为不用力焉；舆薪之不见，为不用明焉；百姓之不见保，为不用恩焉。故王之不王，不为也，非不能也。』

曰：『不为者与不能者之形，何以异？』

曰：『挟太山以超北海，语人曰：「我不能。」是诚不能也。为长者折枝，语人曰：「我不能。」是不为也，非不能也。故王之不王，非挟太山以超北海之类也；王之不王，是折枝之类也。

『老吾老，以及人之老；幼吾幼，以及人之幼，天下可运于掌。《诗》云：「刑于寡妻，至于兄弟，以御于家邦。」言举斯心加诸彼而已。故推恩足以保四海，不推恩无以保妻子。古之人所以大过人者，无他焉，善推其所为而已矣。今恩足以及禽兽，而功不至于百姓者，独何与？

『权，然后知轻重；度，然后知长短。物皆然，心为甚。王请度之。

『抑王兴甲兵，危士臣，构怨于诸侯，然后快于心与？』

王曰：『否。吾何快于是？将以求吾所大欲也。』

曰：『王之所大欲，可得闻与？』

王笑而不言。

曰：『为肥甘不足于口与？轻暖不足于体与？抑为采色不足视于目与？声音不足听于耳与？便嬖不足使令于前与？王之诸臣，皆足以供之，而王岂为是哉？』

曰：『否。吾不为是也。』

曰：『然则王之所大欲可知已。欲辟土地，朝秦楚，莅中国而抚四夷也。以若所为，求若所欲，犹缘木而求鱼也。』

王曰：『若是其甚与？』

曰：『殆有甚焉！缘木求鱼，虽不得鱼，无后灾。以若所为，求若所欲，尽心力而为之，后必有灾。』

曰：『可得闻与？』

曰：『邹人与楚人战，则王以为孰胜？』

曰：『楚人胜。』

曰：『然则小固不可以敌大，寡固不可以敌众，弱固不可以敌强。海内之地，方千里者九，齐集有其一。以一服八，何以异于邹敌楚哉？

『盖亦反其本矣。今王发政施仁，使天下仕者皆欲立于王之朝，耕者皆欲耕于王之野，商贾皆欲藏于王之市，行旅皆欲出于王之涂，天下之欲疾其君者，皆欲赴愬于王。其若是，孰能御之？』

王曰：『吾惛，不能进于是矣。愿夫子辅吾志，明以教我。我虽不敏，请尝试之。』

曰：『无恒产而有恒心者，惟士为能。若民，则无恒产，因无恒心。苟无恒心，放辟邪侈，无不为已。及陷于罪，然后从而刑之，是罔民也。焉有仁人在位，罔民而可为也？是故明君制民之产，必使仰足以事父母，俯足以畜妻子，乐岁终身饱，凶年免于死亡；然后驱而之善，故民之从之也轻。

『今也制民之产，仰不足以事父母，俯不足以畜妻子，乐岁终身苦，凶年不免于死亡。此惟救死而恐不赡，奚暇治礼义哉？

『王欲行之，则盍反其本矣：五亩之宅，树之以桑，五十者可以衣帛矣。鸡豚狗彘之畜，无失其时，七十者可以食肉矣。百亩之田，勿夺其时，八口之家，可以无饥矣。谨庠序之教，申之以孝悌之义，颁白者不负戴于道路矣。老者衣帛食肉，黎民不饥不寒，然而不王者，未之有也。』

梁惠王下

庄暴见孟子，曰：『暴见于王，王语暴以好乐，暴未有以对也。』

曰：『好乐何如？』

孟子曰：『王之好乐甚，则齐国其庶几乎！』

他日，见于王曰：『王尝语庄子以好乐，有诸？』

王变乎色，曰：『寡人非能好先王之乐也，直好世俗之乐耳。』

曰：『王之好乐甚，则齐其庶几乎！今之乐，犹古之乐也。』

曰：『可得闻与？』

曰：『独乐乐，与人乐乐，孰乐？』

曰：『不若与人。』

曰：『与少乐乐，与众乐乐，孰乐？』

曰：『不若与众。』

『臣请为王言乐。今王鼓乐于此，百姓闻王钟鼓之声，管籥之音，举疾首蹙頞而相告曰：「吾王之好鼓乐，夫何使我至于此极也？父子不相见，兄弟妻子离散。」今王田猎于此，百姓闻王车马之音，见羽旄之美，举疾首蹙頞而相告曰：「吾王之好田猎，夫何使我至于此极也？父子不相见，兄弟妻子离散。」此无他，不与民同乐也。

『今王鼓乐于此，百姓闻王钟鼓之声，管籥之音，举欣欣然有喜色而相告曰：「吾王庶几无疾病与，何以能鼓乐也？」今王田猎于此，百姓闻王车马之音，见羽旄之美，举欣欣然有喜色而相告曰：「吾王庶几无疾病与，何以能田猎也？」此无他，与民同乐也。今王与百姓同乐，则王矣。』

齐宣王问曰：『文王之囿，方七十里，有诸？』

孟子对曰：『于传有之。』

曰：『若是其大乎？』

曰：『民犹以为小也。』

曰：『寡人之囿，方四十里，民犹以为大，何也？』

曰：『文王之囿，方七十里，刍荛者往焉，雉兔者往焉，与民同之。民以为小，不亦宜乎？臣始至于境，问国之大禁，然后敢入。臣闻郊关之内，有囿方四十里，杀其麋鹿者，如杀人之罪，则是方四十里为阱于国中。民以为大，不亦宜乎？』

齐宣王问曰：『交邻国有道乎？』

孟子对曰：『有。惟仁者为能以大事小，是故汤事葛，文王事昆夷。惟智者为能以小事大，故大王事獯鬻，勾践事吴。以大事小者，乐天者也；以小事大者，畏天者也。乐天者保天下，畏天者保其国。《诗》云：「畏天之威，于时保之。」』

王曰：『大哉言矣！寡人有疾，寡人好勇。』

对曰：『王请无好小勇。夫抚剑疾视，曰：「彼恶敢当我哉！」此匹夫之勇，敌一人者也。王请大之！

『《诗》云：「王赫斯怒，爰整其旅，以遏徂莒，以笃周祜，以对于天下。」此文王之勇也。文王一怒而安天下之民。『《书》曰：「天降下民，作之君，作之师。惟曰其助上帝，宠之四方。有罪无罪惟我在，天下曷敢有越厥志？」一人衡行于天下，武王耻之。此武王之勇也。而武王亦一怒而安天下之民。今王亦一怒而安天下之民，民惟恐王之不好勇也。』

齐宣王见孟子于雪宫。王曰：『贤者亦有此乐乎？』

孟子对曰：『有。人不得，则非其上矣。不得而非其上者，非也；为民上而不与民同乐者，亦非也。乐民之乐者，民亦乐其乐；忧民之忧者，民亦忧其忧。乐以天下，忧以天下，然而不王者，未之有也。

『昔者齐景公问于晏子曰：「吾欲观于转附、朝儛，遵海而南，放于琅邪，吾何修而可以比于先王观也？」

『晏子对曰：「善哉问也！天子适诸侯曰巡狩。巡狩者，巡所守也。诸侯朝于天子曰述职。述职者，述所职也。无非事者。春省耕而补不足，秋省敛而助不给。夏谚曰：『吾王不游，吾何以休？吾王不豫，吾何以助？一游一豫，为诸侯度。』今也不然：师行而粮食，饥者弗食，劳者弗息。睊睊胥谗，民乃作慝。方命虐民，饮食若流。流连荒亡，为诸侯忧。从流下而忘反谓之流，从流上而忘反谓之连，从兽无厌谓之荒，乐酒无厌谓之亡。先王无流连之乐，荒亡之行。惟君所行也。」

『景公悦，大戒于国，出舍于郊。于是始兴发，补不足。召大师曰：「为我作君臣相说之乐！」盖《徵招》、《角招》是也。其诗曰：「畜君何尤？」畜君者，好君也。』

齐宣王问曰：『人皆谓我毁明堂。毁诸？已乎？』

孟子对曰：『夫明堂者，王者之堂也。王欲行王政，则勿毁之矣。』

王曰：『王政可得闻与？』

对曰：『昔者文王之治岐也，耕者九一，仕者世禄，关市讥而不征，泽梁无禁，罪人不孥。老而无妻曰鳏，老而无夫曰寡，老而无子曰独，幼而无父曰孤。此四者，天下之穷民而无告者。文王发政施仁，必先斯四者。

《诗》云：「哿矣富人，哀此茕独。」』

王曰：『善哉言乎！』

曰：『王如善之，则何为不行？』

王曰：『寡人有疾，寡人好货。』

对曰：『昔者公刘好货，《诗》云：「乃积乃仓，乃裹糇粮，于橐于囊，思戢用光。弓矢斯张，干戈戚扬，爰方启行。」故居者有积仓，行者有裹囊也，然后可以爰方启行。王如好货，与百姓同之，于王何有？』

王曰：『寡人有疾，寡人好色。』

对曰：『昔者大王好色，爱厥妃。《诗》云：「古公亶父，来朝走马，率西水浒，至于岐下。爰及姜女，聿来胥宇。」当是时也，内无怨女，外无旷夫。王如好色，与百姓同之，于王何有？』

孟子谓齐宣王曰：『王之臣，有托其妻子于其友而之楚游者，比其反也，则冻馁其妻子，则如之何？』

王曰：『弃之。』

曰：『士师不能治士，则如之何？』

王曰：『已之。』

曰：『四境之内不治，则如之何？』

王顾左右而言他。

孟子见齐宣王，曰：『所谓故国者，非谓有乔木之谓也，有世臣之谓也。王无亲臣矣，昔者所进，今日不知其亡也。』

王曰：『吾何以识其不才而舍之？』

曰：『国君进贤，如不得已，将使卑逾尊，疏逾戚，可不慎与？左右皆曰贤，未可也；诸大夫皆曰贤，未可也；国人皆曰贤，然后察之；见贤焉，然后用之。左右皆曰不可，勿听；诸大夫皆曰不可，勿听；国人皆曰不可，然后察之；见不可焉，然后去之。左右皆曰可杀，勿听；诸大夫皆曰可杀，勿听；国人皆曰可杀，然后察之；见可杀焉，然后杀之。故曰，国人杀之也。如此，然后可以为民父母。』

齐宣王问曰：『汤放桀，武王伐纣，有诸？』

孟子对曰：『于传有之。』

曰：『臣弑其君，可乎？』

曰：『贼仁者谓之「贼」，贼义者谓之「残」。残贼之人，谓之「一夫」。闻诛一夫纣矣，未闻弑君也。』

孟子见齐宣王，曰：『为巨室，则必使工师求大木。工师得大木，则王喜，以为能胜其任也。匠人斲而小之，则王怒，以为不胜其任矣。夫人幼而学之，壮而欲行之，王曰：「姑舍女所学而从我」，则何如？今有璞玉于此，虽万镒，必使玉人雕琢之。至于治国家，则曰：「姑舍女所学而从我」，则何以异于教玉人雕琢玉哉？』

齐人伐燕，胜之。宣王问曰：『或谓寡人勿取，或谓寡人取之。以万乘之国伐万乘之国，五旬而举之，人力不至于此。不取，必有天殃。取之，何如？』

孟子对曰：『取之而燕民悦，则取之。古之人有行之者，武王是也。取之而燕民不悦，则勿取。古之人有行之者，文王是也。以万乘之国伐万乘之国，箪食壶浆以迎王师，岂有他哉？避水火也。如水益深，如火益热，亦运而已矣。』

齐人伐燕，取之。诸侯将谋救燕。宣王曰：『诸侯多谋伐寡人者，何以待之？』

孟子对曰：『臣闻七十里为政于天下者，汤是也。未闻以千里畏人者也。《书》曰：「汤一征，自葛始。」天下信之。东面而征，西夷怨；南面而征，北狄怨。曰：「奚为后我？」民望之，若大旱之望云霓也。归市者不止，耕者不变。诛其君而吊其民，若时雨降，民大悦。《书》曰：「徯我后，后来其苏。」今燕虐其民，王往而征之，民以为将拯己于水火之中也，箪食壶浆以迎王师。若杀其兄父，系累其子弟，毁其宗庙，迁其重器，如之何其可也？天下固畏齐之强也，今又倍地而不行仁政，是动天下之兵也。王速出令，反其旄倪，止其重器，谋于燕众，置君而后去之，则犹可及止也。』

邹与鲁哄。穆公问曰：『吾有司死者三十三人，而民莫之死也。诛之，则不可胜诛；不诛，则疾视其长上之死而不救，如之何则可也？』

孟子对曰：『凶年饥岁，君之民老弱转乎沟壑，壮者散而之四方者，几千人矣；而君之仓廪实，府库充，有司莫以告，是上慢而残下也。曾子曰：「戒之戒之！出乎尔者，反乎尔者也。」夫民今而后得反之也。君无尤焉！君行仁政，斯民亲其上，死其长矣。』

滕文公问曰：『滕，小国也，间于齐、楚。事齐乎？事楚乎？』

孟子对曰：『是谋，非吾所能及也。无已，则有一焉：凿斯池也，筑斯城也，与民守之，效死而民弗去，则是可为也。』

滕文公问曰：『齐人将筑薛，吾甚恐，如之何则可？』

孟子对曰：『昔者大王居邠，狄人侵之，去之岐山之下居焉。非择而取之，不得已也。苟为善，后世子孙必有王者矣。君子创业垂统，为可继也。若夫成功，则天也。君如彼何哉？强为善而已矣。』

滕文公问曰：『滕，小国也；竭力以事大国，则不得免焉，如之何则可？』

孟子对曰：『昔者大王居邠，狄人侵之。事之以皮币，不得免焉；事之以犬马，不得免焉；事之以珠玉，不得免焉。乃属其耆老而告之曰：「狄人之所欲者，吾土地也。吾闻之也：君子不以其所以养人者害人。二三子何患乎无君？我将去之。」去邠，逾梁山，邑于岐山之下居焉。邠人曰：「仁人也，不可失也。」从之者如归市。或曰：「世守也，非身之所能为也。效死勿去。」君请择于斯二者。』

鲁平公将出，嬖人臧仓者请曰：『他日君出，则必命有司所之。今乘舆已驾矣，有司未知所之，敢请。』

公曰：『将见孟子。』

曰：『何哉，君所为轻身以先于匹夫者？以为贤乎？礼义由贤者出；而孟子之后丧逾前丧。君无见焉！』

公曰：『诺。』

乐正子入见，曰：『君奚为不见孟轲也？』

曰：『或告寡人曰：「孟子之后丧逾前丧」，是以不往见也。』

曰：『何哉，君所谓逾者？前以士，后以大夫；前以三鼎，而后以五

鼎与？』

曰：『否。谓棺椁衣衾之美也。』

曰：『非所谓逾也，贫富不同也。』

乐正子见孟子，曰：『克告于君，君为来见也。嬖人有臧仓者沮君，君是以不果来也。』

曰：『行，或使之；止，或尼之。行止，非人所能也。吾之不遇鲁侯，天也。臧氏之子焉能使予不遇哉？』

公孙丑上

公孙丑问曰：『夫子当路于齐，管仲、晏子之功，可复许乎？』

孟子曰：『子诚齐人也，知管仲、晏子而已矣。或问乎曾西曰：「吾子与子路孰贤？」曾西蹵然曰：「吾先子之所畏也。」曰：「然则吾子与管仲孰贤？」曾西艴然不悦，曰：「尔何曾比予于管仲！管仲得君，如彼其专也；行乎国政，如彼其久也；功烈，如彼其卑也。尔何曾比予于是？」』曰：『管仲，曾西之所不为也，而子为我愿之乎？』

曰：『管仲以其君霸，晏子以其君显。管仲、晏子，犹不足为与？』

曰：『以齐王，由反手也。』

曰：『若是，则弟子之惑滋甚。且以文王之德，百年而后崩，犹未洽于天下；武王、周公继之，然后大行。今言王若易然，则文王不足法与？』

曰：『文王何可当也！由汤至于武丁，贤圣之君六七作，天下归殷久矣，久则难变也。武丁朝诸侯，有天下，犹运之掌也。纣之去武丁未久也，其故家遗俗，流风善政，犹有存者；又有微子、微仲、王子比干、箕子、胶鬲，皆贤人也，相与辅相之，故久而后失之也。尺地，莫非其有也；一民，莫非其臣也；然而文王犹方百里起，是以难也。齐人有言曰：「虽有智慧，不如乘势；虽有镃基，不如待时。」今时则易然也：夏后、殷、周之盛，地未有过千里者也，而齐有其地矣；鸡鸣狗吠相闻，而达乎四境，而齐有其民矣。地不改辟矣，民不改聚矣，行仁政而王，莫之能御也。且王者之不作，未有疏于此时者也；民之憔悴于虐政，未有甚于此时者也。饥者易为食，渴者易为饮。孔子曰：「德之流行，速于置邮而传命。」当今之时，万乘

之国行仁政，民之悦之，犹解倒悬也。故事半古之人，功必倍之，惟此时为然。』

公孙丑问曰：『夫子加齐之卿相，得行道焉，虽由此霸王，不异矣。如此，则动心否乎？』

孟子曰：『否。我四十不动心。』

曰：『若是，则夫子过孟贲远矣。』

曰：『是不难。告子先我不动心。』

曰：『不动心有道乎？』

曰：『有。北宫黝之养勇也：不肤桡，不目逃，思以一豪挫于人，若挞之于市朝；不受于褐宽博，亦不受于万乘之君；视刺万乘之君，若刺褐夫；无严诸侯，恶声至，必反之。孟施舍之所养勇也，曰：「视不胜犹胜也；量敌而后进，虑胜而后会，是畏三军者也。舍岂能为必胜哉？能无惧而已矣。」孟施舍似曾子，北宫黝似子夏。夫二子之勇，未知其孰贤，然而孟施舍守约也。昔者曾子谓子襄曰：「子好勇乎？吾尝闻大勇于夫子矣：自反而不缩，虽褐宽博，吾不惴焉；自反而缩，虽千万人，吾往矣。」孟施舍之守气，又不如曾子之守约也。』

曰：『敢问夫子之不动心与告子之不动心，可得闻与？』

『告子曰：「不得于言，勿求于心；不得于心，勿求于气。」不得于心，勿求于气，可；不得于言，勿求于心，不可。夫志，气之帅也；气，体之充也。夫志至焉，气次焉。故曰：「持其志，无暴其气。」』

『既曰「志至焉，气次焉」，又曰：「持其志，无暴其气」者，何也？』

曰：『志壹则动气，气壹则动志也。今夫蹶者、趋者，是气也，而反动其心。』

『敢问夫子恶乎长？』

曰：『我知言，我善养吾浩然之气。』

『敢问何谓浩然之气？』

曰：『难言也。其为气也，至大至刚，以直养而无害，则塞于天地之间。其为气也，配义与道；无是，馁也。是集义所生者，非义袭而取之也。

行有不慊于心，则馁矣。我故曰，告子未尝知义，以其外之也。必有事焉而勿正，心勿忘，勿助长也。无若宋人然：宋人有闵其苗之不长而揠之者，芒芒然归，谓其人曰：「今日病矣！予助苗长矣！」其子趋而往视之，苗则槁矣。天下之不助苗长者寡矣。以为无益而舍之者，不耘苗者也；助之长者，揠苗者也。非徒无益，而又害之。』

『何谓知言？』

曰：『诐辞知其所蔽，淫辞知其所陷，邪辞知其所离，遁辞知其所穷。生于其心，害于其政；发于其政，害于其事。圣人复起，必从吾言矣。』

『宰我、子贡善为说辞，冉牛、闵子、颜渊善言德行。孔子兼之，曰：「我于辞命，则不能也。」然则夫子既圣矣乎？』

曰：『恶！是何言也？昔者子贡问于孔子曰：「夫子圣矣乎？」孔子曰：「圣则吾不能，我学不厌而教不倦也。」子贡曰：「学不厌，智也；教不倦，仁也。仁且智，夫子既圣矣。」夫圣，孔子不居。是何言也？』

『昔者窃闻之：子夏、子游、子张皆有圣人之一体，冉牛、闵子、颜渊则具体而微，敢问所安。』

曰：『姑舍是。』

曰：『伯夷、伊尹何如？』

曰：『不同道。非其君不事，非其民不使；治则进，乱则退，伯夷也。何事非君，何使非民；治亦进，乱亦进，伊尹也。可以仕则仕，可以止则止，可以久则久，可以速则速，孔子也。皆古圣人也，吾未能有行焉；乃所愿，则学孔子也。』

『伯夷、伊尹于孔子，若是班乎？』

曰：『否。自有生民以来，未有孔子也。』

曰：『然则有同与？』

曰：『有。得百里之地而君之，皆能以朝诸侯，有天下；行一不义，杀一不辜，而得天下，皆不为也。是则同。』

曰：『敢问其所以异。』

曰：『宰我、子贡、有若，智足以知圣人，汙不至阿其所好。宰我曰：

「以予观于夫子，贤于尧舜远矣。」子贡曰：「见其礼而知其德，闻其乐而知其德，由百世之后，等百世之王，莫之能违也。自生民以来，未有夫子也。」有若曰：「岂惟民哉？麒麟之于走兽，凤凰之于飞鸟，太山之于丘垤，河海之于行潦，类也。圣人之于民，亦类也。出于其类，拔乎其萃，自生民以来，未有盛于孔子也。」』

孟子曰：『以力假仁者霸，霸必有大国；以德行仁者王，王不待大。汤以七十里，文王以百里。以力服人者，非心服也，力不赡也；以德服人者，中心悦而诚服也，如七十子之服孔子也。《诗》云：「自西自东，自南自北，无思不服。」此之谓也。』

孟子曰：『仁则荣，不仁则辱；今恶辱而居不仁，是犹恶湿而居下也。如恶之，莫如贵德而尊士，贤者在位，能者在职；国家闲暇，及是时，明其政刑。虽大国，必畏之矣。《诗》云：「迨天之未阴雨，彻彼桑土，绸缪牖户。今此下民，或敢侮予？」孔子曰：「为此诗者，其知道乎！能治其国家，谁敢侮之？」今国家闲暇，及是时，般乐怠敖，是自求祸也。祸福无不自己求之者。《诗》云：「永言配命，自求多福。」《太甲》曰：「天作孽，犹可违；自作孽，不可活。」此之谓也。』

孟子曰：『尊贤使能，俊杰在位，则天下之士皆悦，而愿立于其朝矣；市，廛而不征，法而不廛，则天下之商皆悦，而愿藏于其市矣；关，讥而不征，则天下之旅皆悦，而愿出于其路矣；耕者，助而不税，则天下之农皆悦，而愿耕于其野矣；廛，无夫里之布，则天下之民皆悦，而愿为之氓矣。信能行此五者，则邻国之民，仰之若父母矣。率其子弟，攻其父母，自有生民以来，未有能济者也。如此，则无敌于天下。无敌于天下者，天吏也。然而不王者，未之有也。』

孟子曰：『人皆有不忍人之心。先王有不忍人之心，斯有不忍人之政矣。以不忍人之心，行不忍人之政，治天下可运之掌上。所以谓人皆有不忍人之心者，今人乍见孺子将入于井，皆有怵惕恻隐之心。非所以内交于孺子之父母也，非所以要誉于乡党朋友也，非恶其声而然也。由是观之，无恻隐之心，非人也；无羞恶之心，非人也；无辞让之心，非人也；无是

非之心，非人也。恻隐之心，仁之端也；羞恶之心，义之端也；辞让之心，礼之端也；是非之心，智之端也。人之有是四端也，犹其有四体也。有是四端而自谓不能者，自贼者也；谓其君不能者，贼其君者也。凡有四端于我者，知皆扩而充之矣，若火之始然，泉之始达。苟能充之，足以保四海；苟不充之，不足以事父母。』

孟子曰：『矢人岂不仁于函人哉？矢人唯恐不伤人，函人唯恐伤人。巫、匠亦然。故术不可不慎也。孔子曰：「里仁为美。择不处仁，焉得智？」夫仁，天之尊爵也，人之安宅也。莫之御而不仁，是不智也。不仁、不智，无礼、无义，人役也。人役而耻为役，由弓人而耻为弓，矢人而耻为矢也。如耻之，莫如为仁。仁者如射：射者正己而后发；发而不中，不怨胜己者，反求诸己而已矣。』

孟子曰：『子路，人告之以有过则喜。禹闻善言则拜。大舜有大焉，善与人同，舍己从人，乐取于人以为善。自耕稼、陶、渔以至为帝，无非取于人者。取诸人以为善，是与人为善者也。故君子莫大乎与人为善。』

孟子曰：『伯夷，非其君不事，非其友不友；不立于恶人之朝，不与恶人言；立于恶人之朝，与恶人言，如以朝衣、朝冠坐于涂炭。推恶恶之心，思与乡人立，其冠不正，望望然去之，若将浼焉。是故诸侯虽有善其辞命而至者，不受也。不受也者，是亦不屑就已。柳下惠不羞汙君，不卑小官；进不隐贤，必以其道；遗佚而不怨，阨穷而不悯。故曰：「尔为尔，我为我，虽袒裼裸裎于我侧，尔焉能浼我哉？」故由由然与之偕而不自失焉，援而止之而止。援而止之而止者，是亦不屑去已。』孟子曰：『伯夷隘，柳下惠不恭。隘与不恭，君子不由也。』

公孙丑下

孟子曰：『天时不如地利，地利不如人和。三里之城，七里之郭，环而攻之而不胜。夫环而攻之，必有得天时者矣；然而不胜者，是天时不如地利也。城非不高也，池非不深也，兵革非不坚利也，米粟非不多也，委而去之，是地利不如人和也。故曰：域民不以封疆之界，固国不以山谿之险，威天下不以兵革之利。得道者多助，失道者寡助。寡助之至，亲戚畔之；

多助之至，天下顺之。以天下之所顺，攻亲戚之所畔，故君子有不战，战必胜矣。』

孟子将朝王，王使人来曰：『寡人如就见者也，有寒疾，不可以风。朝，将视朝，不识可使寡人得见乎？』

对曰：『不幸而有疾，不能造朝。』

明日，出吊于东郭氏。公孙丑曰：『昔者辞以病，今日吊，或者不可乎？』

曰：『昔者疾，今日愈，如之何不吊？』

王使人问疾，医来。

孟仲子对曰：『昔者有王命，有采薪之忧，不能造朝。今病小愈，趋造于朝，我不识能至否乎？』

使数人要于路，曰：『请必无归，而造于朝！』

不得已而之景丑氏宿焉。

景子曰：『内则父子，外则君臣，人之大伦也。父子主恩，君臣主敬。

丑见王之敬子也，未见所以敬王也。』

曰：『恶！是何言也！齐人无以仁义与王言者，岂以仁义为不美也？其心曰：「是何足与言仁义也」云尔，则不敬莫大乎是。我非尧舜之道，不敢以陈于王前，故齐人莫如我敬王也。』

景子曰：『否，非此之谓也。《礼》曰：「父召，无诺；君命召，不俟驾。」固将朝也，闻王命而遂不果，宜与夫礼若不相似然。』

曰：『岂谓是与？曾子曰：「晋、楚之富，不可及也；彼以其富，我以吾仁；彼以其爵，我以吾义，吾何慊乎哉？」夫岂不义而曾子言之？是或一道也。天下有达尊三：爵一，齿一，德一。朝廷莫如爵，乡党莫如齿，辅世长民莫如德。恶得有其一以慢其二哉？故将大有为之君，必有所不召之臣；欲有谋焉，则就之。其尊德乐道，不如是，不足与有为也。故汤之于伊尹，学焉而后臣之，故不劳而王；桓公之于管仲，学焉而后臣之，故不劳而霸。今天下地丑德齐，莫能相尚，无他，好臣其所教，而不好臣其所受教。汤之于伊尹，桓公之于管仲，则不敢召。管仲且犹不可召，而况不为

管仲者乎？』

陈臻问曰：『前日于齐，王馈兼金一百，而不受；于宋，馈七十镒而受；于薛，馈五十镒而受。前日之不受是，则今日之受非也；今日之受是，则前日之不受非也。夫子必居一于此矣。』

孟子曰：『皆是也。当在宋也，予将有远行，行者必以赆；辞曰：「馈赆。」予何为不受？当在薛也，予有戒心；辞曰：「闻戒。」故为兵馈之，予何为不受？若于齐，则未有处也。无处而馈之，是货之也。焉有君子而可以货取乎？』

孟子之平陆，谓其大夫曰：『子之持戟之士，一日而三失伍，则去之否乎？』

曰：『不待三。』

『然则子之失伍也亦多矣。凶年饥岁，子之民，老羸转于沟壑，壮者散而之四方者，几千人矣。』

曰：『此非距心之所得为也。』

曰：『今有受人之牛羊而为之牧之者，则必为之求牧与刍矣。求牧与刍而不得，则反诸其人乎？抑亦立而视其死与？』

曰：『此则距心之罪也。』

他日，见于王曰：『王之为都者，臣知五人焉。知其罪者，惟孔距心。』为王诵之。

王曰：『此则寡人之罪也。』

孟子谓蚳蛙曰：『子之辞灵丘而请士师，似也，为其可以言也。今既数月矣，未可以言与？』

蚳蛙谏于王而不用，致为臣而去。

齐人曰：『所以为蚳蛙则善矣；所以自为，则吾不知也。』

公都子以告。

曰：『吾闻之也：有官守者，不得其职则去；有言责者，不得其言则去。我无官守，我无言责也，则吾进退，岂不绰绰然有余裕哉？』

孟子为卿于齐，出吊于滕，王使盖大夫王驩为辅行。王驩朝暮见，反齐

滕之路，未尝与之言行事也。

公孙丑曰：『齐卿之位，不为小矣；齐滕之路，不为近矣，反之而未尝与言行事，何也？』

曰：『夫既或治之，予何言哉？』

孟子自齐葬于鲁，反于齐，止于嬴。

充虞请曰：『前日不知虞之不肖，使虞敦匠。事严，虞不敢请。今愿窃有请也：木若以美然。』

曰：『古者棺椁无度，中古棺七寸，椁称之。自天子达于庶人，非直为观美也，然后尽于人心。不得，不可以为悦；无财，不可以为悦。得之为有财，古之人皆用之，吾何为独不然？且比化者无使土亲肤，于人心独无恔乎？吾闻之也：君子不以天下俭其亲。』

沈同以其私问曰：『燕可伐与？』

孟子曰：『可。子哙不得与人燕，子之不得受燕于子哙。有仕于此，而子悦之，不告于王而私与之吾子之禄爵；夫士也，亦无王命而私受之于子，则可乎？何以异于是？』

齐人伐燕。

或问曰：『劝齐伐燕，有诸？』

曰：『未也；沈同问「燕可伐与」，吾应之曰「可」，彼然而伐之也。彼如曰：「孰可以伐之？」则将应之曰：「为天吏，则可以伐之。」今有杀人者，或问之曰：「人可杀与？」则将应之曰「可」。彼如曰「孰可以杀之？」则将应之曰：「为士师，则可以杀之。」今以燕伐燕，何为劝之哉？』

燕人畔。王曰：『吾甚惭于孟子。』

陈贾曰：『王无患焉。王自以为与周公，孰仁且智？』

王曰：『恶！是何言也？』

曰：『周公使管叔监殷，管叔以殷畔；知而使之，是不仁也；不知而使之，是不智也。仁智，周公未之尽也，而况于王乎？贾请见而解之。』

见孟子，问曰：『周公何人也？』

曰：『古圣人也。』

曰：『使管叔监殷，管叔以殷畔也，有诸？』

曰：『然。』

曰：『周公知其将畔而使之与？』

曰：『不知也。』

『然则圣人且有过与？』

曰：『周公，弟也；管叔，兄也。周公之过，不亦宜乎？且古之君子，过则改之；今之君子，过则顺之。古之君子，其过也，如日月之食，民皆见之；及其更也，民皆仰之。今之君子，岂徒顺之，又从为之辞。』

孟子致为臣而归。王就见孟子，曰：『前日愿见而不可得，得侍同朝，甚喜；今又弃寡人而归，不识可以继此而得见乎？』

对曰：『不敢请耳，固所愿也。』

他日，王谓时子曰：『我欲中国而授孟子室，养弟子以万钟，使诸大夫国人皆有所矜式。子盍为我言之？』

时子因陈子而以告孟子，陈子以时子之言告孟子。

孟子曰：『然。夫时子恶知其不可也？如使予欲富，辞十万而受万，是为欲富乎？季孙曰：「异哉。子叔疑使己为政，不用，则亦已矣，又使其子弟为卿。人亦孰不欲富贵？而独于富贵之中有私龙断焉。」古之为市也，以其所有易其所无者，有司者治之耳。有贱丈夫焉，必求龙断而登之，以左右望，而罔市利。人皆以为贱，故从而征之。征商自此贱丈夫始矣。』

孟子去齐，宿于昼。有欲为王留行者，坐而言。不应，隐几而卧。

客不悦曰：『弟子齐宿而后敢言，夫子卧而不听，请勿复敢见矣。』

曰：『坐！我明语子。昔者鲁缪公无人乎子思之侧，则不能安子思；泄柳、申详，无人乎缪公之侧，则不能安其身。子为长者虑，而不及子思；子绝长者乎？长者绝子乎？』

孟子去齐。尹士语人曰：『不识王之不可以为汤、武，则是不明也；识其不可，然且至，则是干泽也。千里而见王，不遇故去，三宿而后出昼，是何濡滞也？士则兹不悦。』

高子以告。

曰：『夫尹士恶知予哉？千里而见王，是予所欲也；不遇故去，岂予所欲哉？予不得已也。予三宿而出昼，于予心犹以为速，王庶几改之。王如改诸，则必反予。夫出昼，而王不予追也，予然后浩然有归志。予虽然，岂舍王哉？王由足用为善。王如用予，则岂徒齐民安，天下之民举安。王庶几改之，予日望之。予岂若是小丈夫然哉？谏于其君而不受，则怒，悻悻然见于其面，去则穷日之力而后宿哉？』

尹士闻之，曰：『士诚小人也。』

孟子去齐，充虞路问曰：『夫子若有不豫色然。前日虞闻诸夫子曰：「君子不怨天，不尤人。」』

曰：『彼一时，此一时也。五百年必有王者兴，其间必有名世者。由周而来，七百有余岁矣。以其数，则过矣；以其时考之，则可矣。夫天未欲平治天下也；如欲平治天下，当今之世，舍我其谁也？吾何为不豫哉？』

孟子去齐，居休。公孙丑问曰：『仕而不受禄，古之道乎？』

曰：『非也。于崇，吾得见王，退而有去志，不欲变，故不受也。继而有师命，不可以请。久于齐，非我志也。』

滕文公上

滕文公为世子，将之楚，过宋而见孟子。孟子道性善，言必称尧舜。

世子自楚反，复见孟子。孟子曰：『世子疑吾言乎？夫道一而已矣。成覸谓齐景公曰：「彼丈夫也，我丈夫也，吾何畏彼哉？」颜渊曰：「舜何人也？予何人也？有为者亦若是。」公明仪曰：「文王我师也；周公岂欺我哉？」今滕，绝长补短，将五十里也，犹可以为善国。《书》曰：「若药不瞑眩，厥疾不瘳。」』

滕定公薨，世子谓然友曰：『昔者孟子尝与我言于宋，于心终不忘。今也不幸至于大故，吾欲使子问于孟子，然后行事。』

然友之邹问于孟子。

孟子曰：『不亦善乎！亲丧，固所自尽也。曾子曰：「生，事之以礼；死，葬之以礼，祭之以礼，可谓孝矣。」诸侯之礼，吾未之学也；虽然，

吾尝闻之矣。三年之丧，齐疏之服，饘粥之食，自天子达于庶人，三代共之。』

然友反命，定为三年之丧。父兄百官皆不欲，曰：『吾宗国鲁先君莫之行，吾先君亦莫之行也，至于子之身而反之，不可。且《志》曰：「丧祭从先祖。」曰：「吾有所受之也。」』

谓然友曰：『吾他日未尝学问，好驰马试剑。今也父兄百官不我足也，恐其不能尽于大事，子为我问孟子。』

然友复之邹问孟子。

孟子曰：『然；不可以他求者也。孔子曰：「君薨，听于冢宰，歠粥，面深墨，即位而哭，百官有司莫敢不哀，先之也。」上有好者，下必有甚焉者矣。君子之德，风也；小人之德，草也。草尚之风，必偃。是在世子。』

然友反命。

世子曰：『然，是诚在我。』

五月居庐，未有命戒。百官族人可谓曰知。及至葬，四方来观之，颜色之戚，哭泣之哀，吊者大悦。

滕文公问为国。

孟子曰：『民事不可缓也。《诗》云：「昼尔于茅，宵尔索绹；亟其乘屋，其始播百谷。」民之为道也，有恒产者有恒心，无恒产者无恒心。苟无恒心，放僻邪侈，无不为已。及陷乎罪，然后从而刑之，是罔民也。焉有仁人在位，罔民而可为也？是故贤君必恭俭礼下，取于民有制。阳虎曰：「为富不仁矣，为仁不富矣。」』

『夏后氏五十而贡，殷人七十而助，周人百亩而彻，其实皆什一也。彻者，彻也；助者，藉也。龙子曰：「治地莫善于助，莫不善于贡。」贡者，校数岁之中以为常。乐岁，粒米狼戾，多取之而不为虐，则寡取之；凶年，粪其田而不足，则必取盈焉。为民父母，使民盻盻然，将终岁勤动，不得以养其父母，又称贷而益之，使老稚转乎沟壑，恶在其为民父母也？夫世禄，滕固行之矣。《诗》云：「雨我公田，遂及我私。」惟助为有公田。由此观之，虽周亦助也。

『设为庠序学校以教之。庠者，养也；校者，教也；序者，射也。夏曰校，殷曰序，周曰庠，学则三代共之，皆所以明人伦也。人伦明于上，小民亲于下。有王者起，必来取法，是为王者师也。

《诗》云：「周虽旧邦，其命惟新。」文王之谓也。子力行之，亦以新子之国。』

使毕战问井地。

孟子曰：『子之君将行仁政，选择而使子，子必勉之！夫仁政，必自经界始。经界不正，井地不均，谷禄不平，是故暴君污吏必慢其经界。经界既正，分田制禄，可坐而定也。

『夫滕，壤地褊小，将为君子焉，将为野人焉。无君子，莫治野人；无野人，莫养君子。请野九一而助，国中什一使自赋。卿以下必有圭田，圭田五十亩；余夫二十五亩。死徙无出乡，乡田同井，出入相友，守望相助，疾病相扶持，则百姓亲睦。方里而井，井九百亩，其中为公田。八家皆私百亩，同养公田；公事毕，然后敢治私事，所以别野人也。此其大略也；若夫润泽之，则在君与子矣。』

有为神农之言者许行，自楚之滕，踵门而告文公曰：『远方之人，闻君行仁政，愿受一廛而为氓。』

文公与之处。

其徒数十人，皆衣褐，捆屦、织席以为食。

陈良之徒陈相与其弟辛，负耒耜而自宋之滕，曰：『闻君行圣人之政，是亦圣人也，愿为圣人氓。』

陈相见许行而大悦，尽弃其学而学焉。

陈相见孟子，道许行之言曰：『滕君则诚贤君也。虽然，未闻道也。贤者与民并耕而食，饔飧而治。今也滕有仓廪府库，则是厉民而以自养也，恶得贤？』

孟子曰：『许子必种粟而后食乎？』

曰：『然。』

『许子必织布而后衣乎？』

曰：『否。许子衣褐。』

『许子冠乎？』

曰：『冠。』

曰：『奚冠？』

曰：『冠素。』

曰：『自织之与？』

曰：『否。以粟易之。』

曰：『许子奚为不自织？』

曰：『害于耕。』

曰：『许子以釜甑爨，以铁耕乎？』

曰：『然。』

『自为之与？』

曰：『否。以粟易之。』

『以粟易械器者，不为厉陶冶；陶冶亦以其械器易粟者，岂为厉农夫哉？且许子何不为陶冶，舍皆取诸其宫中而用之？何为纷纷然与百工交易？何许子之不惮烦？』

曰：『百工之事，固不可耕且为也。』

『然则治天下独可耕且为与？有大人之事，有小人之事。且一人之身，而百工之所为备，如必自为而后用之，是率天下而路也。故曰：或劳心，或劳力；劳心者治人，劳力者治于人；治于人者食人，治人者食于人，天下之通义也。

『当尧之时，天下犹未平，洪水横流，泛滥于天下，草木畅茂，禽兽繁殖，五谷不登，禽兽逼人，兽蹄鸟迹之道交于中国。尧独忧之，举舜而敷治焉。舜使益掌火，益烈山泽而焚之，禽兽逃匿。禹疏九河，瀹济、漯，而注诸海；决汝、汉，排淮、泗，而注之江，然后中国可得而食也。当是时也，禹八年于外，三过其门而不入，虽欲耕，得乎？

『后稷教民稼穑，树艺五谷；五谷熟而民人育。人之有道也，饱食、暖衣、逸居而无教，则近于禽兽。圣人有忧之，使契为司徒，教以人伦：父子

有亲，君臣有义，夫妇有别，长幼有序，朋友有信。放勋曰：「劳之来之，匡之直之，辅之翼之，使自得之，又从而振德之。」圣人之忧民如此，而暇耕乎？

『尧以不得舜为己忧，舜以不得禹、皋陶为己忧。夫以百亩之不易为己忧者，农夫也。分人以财谓之惠，教人以善谓之忠，为天下得人者谓之仁。是故以天下与人易，为天下得人难。孔子曰：「大哉尧之为君！惟天为大，惟尧则之，荡荡乎民无能名焉！君哉舜也！巍巍乎有天下而不与焉！」尧舜之治天下，岂无所用其心哉？亦不用于耕耳。

『吾闻用夏变夷者，未闻变于夷者也。陈良，楚产也，悦周公、仲尼之道，北学于中国。北方之学者，未能或之先也。彼所谓豪杰之士也。子之兄弟事之数十年，师死而遂倍之。昔者孔子没，三年之外，门人治任将归，入揖于子贡，相向而哭，皆失声，然后归。子贡反，筑室于场，独居三年，然后归。他日，子夏、子张、子游以有若似圣人，欲以所事孔子事之，强曾子。曾子曰：「不可；江汉以濯之，秋阳以暴之，皓皓乎不可尚已。」今也南蛮鴃舌之人，非先王之道，子倍子之师而学之，亦异于曾子矣。吾闻出于幽谷，迁于乔木者，未闻下乔木而入于幽谷者。《鲁颂》曰：「戎狄是膺，荆舒是惩。」周公方且膺之，子是之学，亦为不善变矣。』

『从许子之道，则市贾不贰，国中无伪，虽使五尺之童适市，莫之或欺。布帛长短同，则贾相若；麻缕丝絮轻重同，则贾相若；五谷多寡同，则贾相若；屦大小同，则贾相若。』

曰：『夫物之不齐，物之情也。或相倍蓰，或相什百，或相千万。子比而同之，是乱天下也。巨屦小屦同贾，人岂为之哉？从许子之道，相率而为伪者也，恶能治国家？』

墨者夷之因徐辟而求见孟子。孟子曰：『吾固愿见，今吾尚病，病愈，我且往见，夷子不来！』

他日，又求见孟子。孟子曰：『吾今则可以见矣。不直，则道不见；我且直之。吾闻夷子墨者，墨之治丧也，以薄为其道也；夷子思以易天下，岂以为非是而不贵也；然而夷子葬其亲厚，则是以所贱事亲也。』

徐子以告夷子。

夷子曰：『儒者之道，古之人「若保赤子」，此言何谓也？之则以为爱无差等，施由亲始。』

徐子以告孟子。

孟子曰：『夫夷子，信以为人之亲其兄之子，为若亲其邻之赤子乎？彼有取尔也。赤子匍匐将入井，非赤子之罪也。且天之生物也，使之一本，而夷子二本故也。盖上世尝有不葬其亲者，其亲死，则举而委之于壑。他日过之，狐狸食之，蝇蚋姑嘬之。其颡有泚，睨而不视。夫泚也，非为人泚，中心达于面目，盖归反虆梩而掩之。掩之诚是也，则孝子仁人之掩其亲，亦必有道矣。』

徐子以告夷子。夷子怃然为间曰：『命之矣。』

滕文公下

陈代曰：『不见诸侯，宜若小然；今一见之，大则以王，小则以霸。且《志》曰：「枉尺而直寻」，宜若可为也。』

孟子曰：『昔齐景公田，招虞人以旌，不至，将杀之。「志士不忘在沟壑，勇士不忘丧其元。」孔子奚取焉？取非其招不往也。如不待其招而往，何哉？且夫枉尺而直寻者，以利言也。如以利，则枉寻直尺而利，亦可为与？昔者赵简子使王良与嬖奚乘，终日而不获一禽。嬖奚反命曰：「天下之贱工也。」或以告王良。良曰：「请复之。」强而后可，一朝而获十禽。嬖奚反命曰：「天下之良工也。」简子曰：「我使掌与女乘。」谓王良。良不可，曰：「吾为之范我驰驱，终日不获一；为之诡遇，一朝而获十。《诗》云：『不失其驰，舍矢如破。』我不贯与小人乘，请辞。」御者且羞与射者比；比而得禽兽，虽若丘陵，弗为也。如枉道而从彼，何也？且子过矣，枉己者，未有能直人者也。』

景春曰：『公孙衍、张仪岂不诚大丈夫哉？一怒而诸侯惧，安居而天下熄。』

孟子曰：『是焉得为大丈夫乎？子未学礼乎？丈夫之冠也，父命之；女子之嫁也，母命之，往送之门，戒之曰：「往之女家，必敬必戒，无

违夫子！」以顺为正者，妾妇之道也。居天下之广居，立天下之正位，行天下之大道；得志，与民由之；不得志，独行其道。富贵不能淫，贫贱不能移，威武不能屈，此之谓大丈夫。』

周霄问曰：『古之君子仕乎？』

孟子曰：『仕。《传》曰：「孔子三月无君，则皇皇如也，出疆必载质。」公明仪曰：「古之人三月无君，则吊。」

『三月无君则吊，不以急乎？』

曰：『士之失位也，犹诸侯之失国家也。《礼》曰：「诸侯耕助，以供粢盛；夫人蚕缫，以为衣服。牺牲不成，粢盛不洁，衣服不备，不敢以祭。惟士无田，则亦不祭。」牲杀、器皿、衣服不备，不敢以祭，则不敢以宴，亦不足吊乎？』

『出疆必载质，何也？』

曰：『士之仕也，犹农夫之耕也；农夫岂为出疆舍其耒耜哉？』

曰：『晋国亦仕国也，未尝闻仕如此其急。仕如此其急也，君子之难仕，何也？』

曰：『丈夫生而愿为之有室，女子生而愿为之有家；父母之心，人皆有之。不待父母之命、媒妁之言，钻穴隙相窥，逾墙相从，则父母国人皆贱之。古之人未尝不欲仕也，又恶不由其道。不由其道而往者，与钻穴隙之类也。』

彭更问曰：『后车数十乘，从者数百人，以传食于诸侯，不以泰乎？』

孟子曰：『非其道，则一箪食不可受于人；如其道，则舜受尧之天下，不以为泰，子以为泰乎？』

曰：『否。士无事而食，不可也。』

曰：『子不通功易事，以羡补不足，则农有余粟，女有余布；子如通之，则梓匠轮舆皆得食于子。于此有人焉，入则孝，出则悌，守先王之道，以待后之学者，而不得食于子；子何尊梓匠轮舆而轻为仁义者哉？』

曰：『梓匠轮舆，其志将以求食也；君子之为道也，其志亦将以求食与？』

曰：『子何以其志为哉？其有功于子，可食而食之矣。且子食志乎？食功乎？』

曰：『食志。』

曰：『有人于此，毁瓦画墁，其志将以求食也，则子食之乎？』

曰：『否。』

曰：『然则子非食志也，食功也。』

万章问曰：『宋，小国也；今将行王政，齐、楚恶而伐之，则如之何？』

孟子曰：『汤居亳，与葛为邻，葛伯放而不祀。汤使人问之曰：「何为不祀？」曰：「无以供牺牲也。」汤使遗之牛羊。葛伯食之，又不以祀。汤又使人问之曰：「何为不祀？」曰：「无以供粢盛也。」汤使亳众往为之耕，老弱馈食。葛伯率其民，要其有酒食黍稻者夺之，不授者杀之。有童子以黍肉饷，杀而夺之。《书》曰：「葛伯仇饷。」此之谓也。为其杀是童子而征之，四海之内皆曰：「非富天下也，为匹夫匹妇复仇也。」「汤始征，自葛载」，十一征而无敌于天下。东面而征，西夷怨。南面而征，北狄怨。曰「奚为后我？」民之望之，若大旱之望雨也。归市者弗止，芸者不变，诛其君，吊其民，如时雨降。民大悦。《书》曰：「徯我后，后来其无罚！」「有攸不惟臣，东征，绥厥士女。篚厥玄黄，绍我周王见休，惟臣附于大邑周。」其君子实玄黄于篚，以迎其君子；其小人箪食壶浆，以迎其小人。救民于水火之中，取其残而已矣。《太誓》曰：「我武惟扬，侵于之疆，则取于残，杀伐用张，于汤有光。」不行王政云尔；苟行王政，四海之内，皆举首而望之，欲以为君。齐、楚虽大，何畏焉？』

孟子谓戴不胜曰：『子欲子之王之善与？我明告子。有楚大夫于此，欲其子之齐语也，则使齐人傅诸？使楚人傅诸？』

曰：『使齐人傅之。』

曰：『一齐人傅之，众楚人咻之，虽日挞而求其齐也，不可得矣；引而置之庄、岳之间数年，虽日挞而求其楚，亦不可得矣。子谓薛居州，善士也，使之居于王所。在于王所者，长幼卑尊，皆薛居州也，王谁与为不善？

在王所者，长幼卑尊，皆非薛居州也，王谁与为善？一薛居州，独如宋王何？』

公孙丑问曰：『不见诸侯何义？』

孟子曰：『古者不为臣不见。段干木逾垣而辟之，泄柳闭门而不纳，是皆已甚；迫，斯可以见矣。阳货欲见孔子而恶无礼，大夫有赐于士，不得受于其家，则往拜其门。阳货瞰孔子之亡也，而馈孔子蒸豚；孔子亦瞰其亡也，而往拜之。当是时，阳货先，岂得不见？曾子曰：「胁肩谄笑，病于夏畦。」子路曰：「未同而言，观其色赧赧然，非由之所知也。」由是观之，则君子之所养，可知已矣。』

戴盈之曰：『什一，去关市之征，今兹未能，请轻之，以待来年，然后已，何如？』

孟子曰：『今有人日攘其邻之鸡者，或告之曰：「是非君子之道。」曰：「请损之，月攘一鸡，以待来年，然后已。」如知其非义，斯速已矣，何待来年？』

公都子曰：『外人皆称夫子好辩，敢问何也？』

孟子曰：『予岂好辩哉？予不得已也。天下之生久矣，一治一乱。当尧之时，水逆行，泛滥于中国，蛇龙居之，民无所定。下者为巢，上者为营窟。《书》曰：「洚水警余。」洚水者，洪水也。使禹治之。禹掘地而注之海，驱蛇龙而放之菹；水由地中行，江、淮、河、汉是也。险阻既远，鸟兽之害人者消，然后人得平土而居之。

『尧舜既没，圣人之道衰，暴君代作，坏宫室以为污池，民无所安息；弃田以为园囿，使民不得衣食。邪说暴行又作，园囿、污池、沛泽多而禽兽至。及纣之身，天下又大乱。周公相武王，诛纣，伐奄，三年讨其君，驱飞廉于海隅而戮之，灭国者五十，驱虎、豹、犀、象而远之，天下大悦。《书》曰：「丕显哉，文王谟！丕承哉，武王烈！佑启我后人，咸以正无缺。」

『世衰道微，邪说暴行有作，臣弑其君者有之，子弑其父者有之。孔子惧，作《春秋》。《春秋》，天子之事也；是故孔子曰：「知我者，其惟《春秋》乎！罪我者，其惟《春秋》乎！」

『圣王不作，诸侯放恣，处士横议，杨朱、墨翟之言盈天下。天下之言不归杨，则归墨。杨氏为我，是无君也；墨氏兼爱，是无父也。无父无君，是禽兽也。公明仪曰：「庖有肥肉，厩有肥马；民有饥色，野有饿莩，此率兽而食人也。」杨、墨之道不息，孔子之道不著，是邪说诬民，充塞仁义也。仁义充塞，则率兽食人，人将相食。吾为此惧，闲先圣之道，距杨、墨，放淫辞，邪说者不得作。作于其心，害于其事；作于其事，害于其政。圣人复起，不易吾言矣。

『昔者禹抑洪水而天下平，周公兼夷狄、驱猛兽而百姓宁，孔子成《春秋》而乱臣贼子惧。《诗》云：「戎狄是膺，荆舒是惩，则莫我敢承。」无父无君，是周公所膺也。我亦欲正人心，息邪说，距诐行，放淫辞，以承三圣者；岂好辩哉？予不得已也。能言距杨、墨者，圣人之徒也。』

匡章曰：『陈仲子岂不诚廉士哉？居于陵，三日不食，耳无闻，目无见也。井上有李，螬食实者过半矣，匍匐往，将食之，三咽，然后耳有闻，目有见。』

孟子曰：『于齐国之士，吾必以仲子为巨擘焉。虽然，仲子恶能廉？充仲子之操，则蚓而后可者也。夫蚓，上食槁壤，下饮黄泉。仲子所居之室，伯夷之所筑与？抑亦盗跖之所筑与？所食之粟，伯夷之所树与？抑亦盗跖之所树与？是未可知也。』

曰：『是何伤哉？彼身织屦，妻辟纑，以易之也。』

曰：『仲子，齐之世家也；兄戴，盖禄万钟。以兄之禄为不义之禄而不食也，以兄之室为不义之室而不居也，辟兄离母，处于於陵。他日归，则有馈其兄生鹅者，己频顣曰：「恶用是鶃鶃者为哉？」他日，其母杀是鹅也，与之食之。其兄自外至，曰：「是鶃鶃之肉也。」出而哇之。以母则不食，以妻则食之；以兄之室则弗居，以於陵则居之，是尚为能充其类也乎？若仲子者，蚓而后充其操者也。』

离娄上

孟子曰：『离娄之明，公输子之巧，不以规矩，不能成方圆；师旷之聪，不以六律，不能正五音；尧舜之道，不以仁政，不能平治天下。今有仁

心仁闻而民不被其泽，不可法于后世者，不行先王之道也。故曰：『徒善不足以为政，徒法不能以自行。』《诗》云：「不愆不忘，率由旧章。」遵先王之法而过者，未之有也。圣人既竭目力焉，继之以规矩准绳，以为方圆平直，不可胜用也；既竭耳力焉，继之以六律正五音，不可胜用也；既竭心思焉，继之以不忍人之政，而仁覆天下矣。故曰，为高必因丘陵，为下必因川泽。为政不因先王之道，可谓智乎？是以惟仁者宜在高位。不仁而在高位，是播其恶于众也。上无道揆也，下无法守也，朝不信道，工不信度，君子犯义，小人犯刑，国之所存者幸也。故曰，城郭不完，兵甲不多，非国之灾也；田野不辟，货财不聚，非国之害也。上无礼，下无学，贼民兴，丧无日矣。《诗》曰：「天之方蹶，无然泄泄。」泄泄犹沓沓也。事君无义，进退无礼，言则非先王之道者，犹沓沓也。故曰，责难于君谓之恭，陈善闭邪谓之敬，吾君不能谓之贼。』

孟子曰：『规矩，方圆之至也；圣人，人伦之至也。欲为君，尽君道；欲为臣，尽臣道。二者皆法尧舜而已矣。不以舜之所以事尧事君，不敬其君者也；不以尧之所以治民治民，贼其民者也。孔子曰：「道二，仁与不仁而已矣。」暴其民甚，则身弑国亡；不甚，则身危国削，名之曰「幽」、「厉」，虽孝子慈孙，百世不能改也。《诗》云：「殷鉴不远，在夏后之世。」此之谓也。』

孟子曰：『三代之得天下也以仁，其失天下也以不仁。国之所以废兴存亡者亦然。天子不仁，不保四海；诸侯不仁，不保社稷；卿大夫不仁，不保宗庙；士庶人不仁，不保四体。今恶死亡而乐不仁，是犹恶醉而强酒。』

孟子曰：『爱人不亲，反其仁；治人不治，反其智；礼人不答，反其敬。行有不得者，皆反求诸己，其身正而天下归之。《诗》云：「永言配命，自求多福。」』

孟子曰：『人有恒言，皆曰，「天下国家。」天下之本在国，国之本在家，家之本在身。』

孟子曰：『为政不难，不得罪于巨室。巨室之所慕，一国慕之；一国

之所慕，天下慕之；故沛然德教溢乎四海。』

孟子曰：『天下有道，小德役大德，小贤役大贤；天下无道，小役大，弱役强。斯二者，天也。顺天者存，逆天者亡。齐景公曰：「既不能令，又不受命，是绝物也。」涕出而女于吴。今也小国师大国而耻受命焉，是犹弟子而耻受命于先师也。如耻之，莫若师文王。师文王，大国五年，小国七年，必为政于天下矣。《诗》云：「商之孙子，其丽不亿。上帝既命，侯于周服。侯服于周，天命靡常。殷士肤敏，祼将于京。」孔子曰：「仁不可为众也。夫国君好仁，天下无敌。」今也欲无敌于天下而不以仁，是犹执热而不以濯也。《诗》云：「谁能执热，逝不以濯？」』

孟子曰：『不仁者可与言哉？安其危而利其灾，乐其所以亡者。不仁而可与言，则何亡国败家之有？有孺子歌曰：「沧浪之水清兮，可以濯我缨；沧浪之水浊兮，可以濯我足。」孔子曰：「小子听之！清斯濯缨，浊斯濯足矣，自取之也。」夫人必自侮，然后人侮之；家必自毁，而后人毁之；国必自伐，而后人伐之。《太甲》曰：「天作孽，犹可违；自作孽，不可活。」此之谓也。』

孟子曰：『桀纣之失天下也，失其民也；失其民者，失其心也。得天下有道：得其民，斯得天下矣。得其民有道：得其心，斯得民矣。得其心有道：所欲与之聚之，所恶勿施尔也。民之归仁也，犹水之就下、兽之走圹也。故为渊驱鱼者，獭也；为丛驱爵者，鹯也；为汤武驱民者，桀与纣也。今天下之君有好仁者，则诸侯皆为之驱矣。虽欲无王，不可得已。今之欲王者，犹七年之病求三年之艾也。苟为不畜，终身不得。苟不志于仁，终身忧辱，以陷于死亡。《诗》云：「其何能淑，载胥及溺。」此之谓也。』

孟子曰：『自暴者，不可与有言也；自弃者，不可与有为也。言非礼义，谓之自暴也；吾身不能居仁由义，谓之自弃也。仁，人之安宅也；义，人之正路也。旷安宅而弗居，舍正路而不由，哀哉！』

孟子曰：『道在迩而求诸远，事在易而求诸难。人人亲其亲，长其长，而天下平。』

孟子曰：『居下位而不获于上，民不可得而治也。获于上有道，不信于友，弗获于上矣。信于友有道，事亲弗悦，弗信于友矣。悦亲有道，反身不诚，不悦于亲矣。诚身有道，不明乎善，不诚其身矣。是故诚者，天之道也；思诚者，人之道也。至诚而不动者，未之有也；不诚，未有能动者也。』

孟子曰：『伯夷辟纣，居北海之滨，闻文王作，兴曰：「盍归乎来！吾闻西伯善养老者。」太公辟纣，居东海之滨，闻文王作，兴曰：「盍归乎来！吾闻西伯善养老者。」二老者，天下之大老也，而归之，是天下之父归之也。天下之父归之，其子焉往？诸侯有行文王之政者，七年之内，必为政于天下矣。』

孟子曰：『求也为季氏宰，无能改于其德，而赋粟倍他日。孔子曰：「求非我徒也，小子鸣鼓而攻之可也。」由此观之，君不行仁政而富之，皆弃于孔子者也，况于为之强战？争地以战，杀人盈野；争城以战，杀人盈城。此所谓率土地而食人肉，罪不容于死。故善战者服上刑，连诸侯者次之，辟草莱、任土地者次之。』

孟子曰：『存乎人者，莫良于眸子。眸子不能掩其恶。胸中正，则眸子瞭焉；胸中不正，则眸子眊焉。听其言也，观其眸子，人焉廋哉？』

孟子曰：『恭者不侮人，俭者不夺人。侮夺人之君，惟恐不顺焉，恶得为恭俭？恭俭岂可以声音笑貌为哉？』

淳于髡曰：『男女授受不亲，礼与？』

孟子曰：『礼也。』

曰：『嫂溺，则援之以手乎？』

曰：『嫂溺不援，是豺狼也。男女授受不亲，礼也；嫂溺，援之以手者，权也。』

曰：『今天下溺矣，夫子之不援，何也？』

曰：『天下溺，援之以道；嫂溺，援之以手。子欲手援天下乎？』

公孙丑曰：『君子之不教子，何也？』

孟子曰：『势不行也。教者必以正；以正不行，继之以怒。继之以

怒，则反夷矣。「夫子教我以正，夫子未出于正也。」则是父子相夷也。父子相夷，则恶矣。古者易子而教之，父子之间不责善。责善则离，离则不祥莫大焉。』

孟子曰：『事，孰为大？事亲为大；守，孰为大？守身为大。不失其身而能事其亲者，吾闻之矣；失其身而能事其亲者，吾未之闻也。孰不为事？事亲，事之本也；孰不为守？守身，守之本也。曾子养曾皙，必有酒肉；将彻，必请所与；问有余，必曰「有」。曾皙死，曾元养曾子，必有酒肉；将彻，不请所与；问有余，曰「亡矣」。将以复进也。此所谓养口体者也。若曾子，则可谓养志也。事亲若曾子者，可也。』

孟子曰：『人不足与适也，政不足间也，唯大人为能格君心之非。君仁，莫不仁；君义，莫不义；君正，莫不正。一正君而国定矣。』

孟子曰：『有不虞之誉，有求全之毁。』

孟子曰：『人之易其言也，无责耳矣。』

孟子曰：『人之患，在好为人师。』

乐正子从于子敖之齐。

乐正子见孟子。孟子曰：『子亦来见我乎？』

曰：『先生何为出此言也？』

曰：『子来几日矣？』

曰：『昔者。』

曰：『昔者，则我出此言也，不亦宜乎？』

曰：『舍馆未定。』

曰：『子闻之也，舍馆定，然后求见长者乎？』

曰：『克有罪。』

孟子谓乐正子曰：『子之从于子敖来，徒餔啜也。我不意子学古之道而以餔啜也。』

孟子曰：『不孝有三，无后为大。舜不告而娶，为无后也，君子以为犹告也。』

孟子曰：『仁之实，事亲是也；义之实，从兄是也；智之实，知斯二

者弗去是也；礼之实，节文斯二者是也；乐之实，乐斯二者，乐则生矣；生则恶可已也，恶可已，则不知足之蹈之、手之舞之。』

孟子曰：『天下大悦而将归己，视天下悦而归己，犹草芥也，惟舜为然。不得乎亲，不可以为人；不顺乎亲，不可以为子。舜尽事亲之道而瞽瞍厎豫，瞽瞍厎豫而天下化，瞽瞍厎豫而天下之为父子者定，此之谓大孝。』

离娄下

孟子曰：『舜生于诸冯，迁于负夏，卒于鸣条，东夷之人也。文王生于岐周，卒于毕郢，西夷之人也。地之相去也，千有余里；世之相后也，千有余岁。得志行乎中国，若合符节，先圣后圣，其揆一也。』

子产听郑国之政，以其乘舆济人于溱、洧。孟子曰：『惠而不知为政。岁十一月，徒杠成；十二月，舆梁成，民未病涉也。君子平其政，行辟人可也，焉得人人而济之？故为政者，每人而悦之，日亦不足矣。』

孟子告齐宣王曰：『君之视臣如手足，则臣视君如腹心；君之视臣如犬马，则臣视君如国人；君之视臣如土芥，则臣视君如寇仇。』

王曰：『礼，为旧君有服，何如斯可为服矣？』

曰：『谏行言听，膏泽下于民；有故而去，则君使人导之出疆，又先于其所往；去三年不反，然后收其田里。此之谓三有礼焉。如此，则为之服矣。今也为臣，谏则不行，言则不听；膏泽不下于民；有故而去，则君搏执之，又极之于其所往；去之日，遂收其田里。此之谓寇仇。寇仇，何服之有？』

孟子曰：『无罪而杀士，则大夫可以去；无罪而戮民，则士可以徙。』

孟子曰：『君仁，莫不仁；君义，莫不义。』

孟子曰：『非礼之礼，非义之义，大人弗为。』

孟子曰：『中也养不中，才也养不才，故人乐有贤父兄也。如中也弃不中，才也弃不才，则贤不肖之相去，其间不能以寸。』

孟子曰：『人有不为也，而后可以有为。』

孟子曰：『言人之不善，当如后患何？』

孟子曰：『仲尼不为已甚者。』

孟子曰：『大人者，言不必信，行不必果，惟义所在。』

孟子曰：『大人者，不失其赤子之心者也。』

孟子曰：『养生者不足以当大事，惟送死可以当大事。』

孟子曰：『君子深造之以道，欲其自得之也。自得之，则居之安；居之安，则资之深；资之深，则取之左右逢其原，故君子欲其自得之也。』

孟子曰：『博学而详说之，将以反说约也。』

孟子曰：『以善服人者，未有能服人者也；以善养人，然后能服天下。天下不心服而王者，未之有也。』

孟子曰：『言无实不祥。不祥之实，蔽贤者当之。』

徐子曰：『仲尼亟称于水，曰：「水哉，水哉！」何取于水也？』

孟子曰：『源泉混混，不舍昼夜，盈科而后进，放乎四海。有本者如是，是之取尔。苟为无本，七八月之间雨集，沟浍皆盈；其涸也，可立而待也。故声闻过情，君子耻之。』

孟子曰：『人之所以异于禽兽者几希，庶民去之，君子存之。舜明于庶物，察于人伦，由仁义行，非行仁义也。』

孟子曰：『禹恶旨酒而好善言。汤执中，立贤无方。文王视民如伤，望道而未之见。武王不泄迩，不忘远。周公思兼三王，以施四事；其有不合者，仰而思之，夜以继日；幸而得之，坐以待旦。』

孟子曰：『王者之迹熄而《诗》亡，《诗》亡然后《春秋》作。晋之《乘》，楚之《梼杌》，鲁之《春秋》，一也。其事则齐桓、晋文，其文则史。孔子曰：「其义则丘窃取之矣。」』

孟子曰：『君子之泽，五世而斩；小人之泽，五世而斩。予未得为孔子徒也，予私淑诸人也。』

孟子曰：『可以取，可以无取；取伤廉。可以与，可以无与；与伤惠。可以死，可以无死；死伤勇。』

逢蒙学射于羿，尽羿之道，思天下惟羿为愈己，于是杀羿。孟子曰：『是亦羿有罪焉。』

公明仪曰：『宜若无罪焉。』

曰：『薄乎云尔，恶得无罪？郑人使子濯孺子侵卫，卫使庾公之斯追之。子濯孺子曰：「今日我疾作，不可以执弓，吾死矣夫！」问其仆曰：「追我者谁也？」其仆曰：『「庾公之斯也。」曰：「吾生矣。」其仆曰：「庾公之斯，卫之善射者也；夫子曰吾生，何谓也？」曰：「庾公之斯学射于尹公之他，尹公之他学射于我。夫尹公之他，端人也，其取友必端矣。」庾公之斯至，曰：「夫子何为不执弓？」曰：「今日我疾作，不可以执弓。」曰：「小人学射于尹公之他，尹公之他学射于夫子。我不忍以夫子之道反害夫子。虽然，今日之事，君事也，我不敢废。」抽矢，扣轮，去其金，发乘矢而后反。』

孟子曰：『西子蒙不洁，则人皆掩鼻而过之。虽有恶人，斋戒沐浴，则可以祀上帝。』

孟子曰：『天下之言性也，则故而已矣。故者以利为本。所恶于智者，为其凿也。如智者若禹之行水也，则无恶于智矣。禹之行水也，行其所无事也。如智者亦行其所无事，则智亦大矣。天之高也，星辰之远也，苟求其故，千岁之日至，可坐而致也。』

公行子有子之丧，右师往吊。入门，有进而与右师言者，有就右师之位而与右师言者。孟子不与右师言，右师不悦曰：『诸君子皆与驩言，孟子独不与驩言，是简驩也。』

孟子闻之，曰：『礼，朝廷不历位而相与言，不逾阶而相揖也。我欲行礼，子敖以我为简，不亦异乎？』

孟子曰：『君子所以异于人者，以其存心也。君子以仁存心，以礼存心。仁者爱人，有礼者敬人。爱人者，人恒爱之；敬人者，人恒敬之。有人于此，其待我以横逆，则君子必自反也：我必不仁也，必无礼也，此物奚宜至哉？其自反而仁矣，自反而有礼矣，其横逆由是也，君子必自反也：我必不忠。自反而忠矣，其横逆由是也，君子曰：「此亦妄人也已矣！如此，则与禽兽奚择哉？于禽兽又何难焉？」是故君子有终身之忧，无一朝之患也。乃若所忧则有之：舜，人也；我，亦人也。舜为法于天下，可传于后世，我由未免为乡人也，是则可忧也。忧之如何？如舜而已矣。若夫

君子所患则亡矣。非仁无为也，非礼无行也。如有一朝之患，则君子不患矣。』

禹、稷当平世，三过其门而不入，孔子贤之。颜子当乱世，居于陋巷，一箪食，一瓢饮；人不堪其忧，颜子不改其乐，孔子贤之。孟子曰：『禹、稷、颜回同道。禹思天下有溺者，由己溺之也；稷思天下有饥者，由己饥之也，是以如是其急也。禹、稷、颜子易地则皆然。今有同室之人斗者，救之，虽被发缨冠而救之，可也；乡邻有斗者，被发缨冠而往救之，则惑也；虽闭户可也。』

公都子曰：『匡章，通国皆称不孝焉。夫子与之游，又从而礼貌之，敢问何也？』

孟子曰：『世俗所谓不孝者五：惰其四支，不顾父母之养，一不孝也；博弈好饮酒，不顾父母之养，二不孝也；好货财，私妻子，不顾父母之养，三不孝也；从耳目之欲，以为父母戮，四不孝也；好勇斗很，以危父母，五不孝也。章子有一于是乎？夫章子，子父责善而不相遇也。责善，朋友之道也；父子责善，贼恩之大者。夫章子，岂不欲有夫妻子母之属哉？为得罪于父，不得近，出妻屏子，终身不养焉。其设心以为不若是，是则罪之大者，是则章子已矣。』

曾子居武城，有越寇。或曰：『寇至，盍去诸？』曰：『无寓人于我室，毁伤其薪木。』寇退，则曰：『修我墙屋，我将反。』寇退，曾子反。左右曰：『待先生如此其忠且敬也，寇至，则先去以为民望；寇退，则反，殆于不可。』沈犹行曰：『是非汝所知也。昔沈犹有负刍之祸，从先生者七十人，未有与焉。』

子思居于卫，有齐寇。或曰：『寇至，盍去诸？』子思曰：『如伋去，君谁与守？』

孟子曰：『曾子、子思同道。曾子，师也，父兄也；子思，臣也，微也。曾子、子思易地则皆然。』

储子曰：『王使人瞷夫子，果有以异于人乎？』

孟子曰：『何以异于人哉？尧舜与人同耳。』

齐人有一妻一妾而处室者，其良人出，则必餍酒肉而后反。其妻问所与饮食者，则尽富贵也。其妻告其妾曰：『良人出，则必餍酒肉而后反；问其与饮食者，尽富贵也，而未尝有显者来，吾将瞷良人之所之也。』蚤起，施从良人之所之，遍国中无与立谈者。卒之东郭墦间，之祭者，乞其余；不足，又顾而之他。此其为餍足之道也。

其妻归，告其妾曰：『良人者，所仰望而终身也，今若此！』与其妾讪其良人，而相泣于中庭。而良人未之知也，施施从外来，骄其妻妾。

由君子观之，则人之所以求富贵利达者，其妻妾不羞也，而不相泣者，几希矣。

万章上

万章问曰：『舜往于田，号泣于旻天，何为其号泣也？』

孟子曰：『怨慕也。』

万章曰：『「父母爱之，喜而不忘；父母恶之，劳而不怨。」然则舜怨乎？』

曰：『长息问于公明高曰：「舜往于田，则吾既得闻命矣；号泣于旻天，于父母，则吾不知也。」公明高曰：「是非尔所知也。」夫公明高以孝子之心，为不若是恝，我竭力耕田，共为子职而已矣，父母之不我爱，于我何哉？帝使其子九男二女，百官牛羊仓廪备，以事舜于畎亩之中，天下之士多就之者，帝将胥天下而迁之焉。为不顺于父母，如穷人无所归。天下之士悦之，人之所欲也，而不足以解忧；好色，人之所欲，妻帝之二女，而不足以解忧；富，人之所欲，富有天下，而不足以解忧；贵，人之所欲，贵为天子，而不足以解忧。人悦之、好色、富贵，无足以解忧者，惟顺于父母可以解忧。人少，则慕父母；知好色，则慕少艾；有妻子，则慕妻子；仕则慕君，不得于君则热中。大孝终身慕父母。五十而慕者，予于大舜见之矣。』

万章问曰：『《诗》云：「娶妻如之何？必告父母。」信斯言也，宜莫如舜。舜之不告而娶，何也？』

孟子曰：『告则不得娶。男女居室，人之大伦也。如告，则废人之大

伦，以怼父母，是以不告也？』

万章曰：『舜之不告而娶，则吾既得闻命矣；帝之妻舜而不告，何也？』

曰：『帝亦知告焉则不得妻也。』

万章曰：『父母使舜完廪，捐阶，瞽瞍焚廪；使浚井，出，从而掩之。象曰：「谟盖都君咸我绩，牛羊父母，仓廪父母，干戈朕，琴朕，弤朕，二嫂使治朕栖。」象往入舜宫，舜在床琴。象曰：「郁陶思君尔。」忸怩。舜曰：「惟兹臣庶，汝其于予治。」不识舜不知象之将杀己与？』

曰：『奚而不知也？象忧亦忧，象喜亦喜。』

曰：『然则舜伪喜者与？』

曰：『否。昔者有馈生鱼于郑子产，子产使校人畜之池。校人烹之，反命曰：「始舍之，圉圉焉；少则洋洋焉，攸然而逝。」子产曰：「得其所哉！得其所哉！」校人出，曰：「孰谓子产智？予既烹而食之，曰，得其所哉！得其所哉！」故君子可欺以其方，难罔以非其道。彼以爱兄之道

来，故诚信而喜之，奚伪焉？』

万章问曰：『象日以杀舜为事，立为天子则放之，何也？』

孟子曰：『封之也；或曰，放焉。』

万章曰：『舜流共工于幽州，放驩兜于崇山，杀三苗于三危，殛鲧于羽山，四罪而天下咸服，诛不仁也。象至不仁，封之有庳。有庳之人奚罪焉？仁人固如是乎？在他人则诛之，在弟则封之？』

曰：『仁人之于弟也，不藏怒焉，不宿怨焉，亲爱之而已矣。亲之，欲其贵也；爱之，欲其富也。封之有庳，富贵之也。身为天子，弟为匹夫，可谓亲爱之乎？』

『敢问或曰放者，何谓也？』

曰：『象不得有为于其国，天子使吏治其国而纳其贡税焉，故谓之放。岂得暴彼民哉？虽然，欲常常而见之，故源源而来。「不及贡，以政接于有庳。」此之谓也。』

咸丘蒙问曰：『语云，「盛德之士，君不得而臣，父不得而子。」舜南面

而立，尧帅诸侯北面而朝之，瞽瞍亦北面而朝之。舜见瞽瞍，其容有蹙。孔子曰：『于斯时也，天下殆哉，岌岌乎！』不识此语诚然乎哉？』

孟子曰：『否。此非君子之言，齐东野人之语也。尧老而舜摄也。《尧典》曰：「二十有八载，放勋乃徂落，百姓如丧考妣，三年，四海遏密八音。」孔子曰：「天无二日，民无二王。」舜既为天子矣，又帅天下诸侯以为尧三年丧，是二天子矣。』

咸丘蒙曰：『舜之不臣尧，则吾既得闻命矣。《诗》云：「普天之下，莫非王土；率土之滨，莫非王臣。」而舜既为天子矣，敢问瞽瞍之非臣，如何？』

曰：『是诗也，非是之谓也；劳于王事，而不得养父母也。曰：「此莫非王事，我独贤劳也。」故说诗者，不以文害辞，不以辞害志。以意逆志，是为得之。如以辞而已矣，《云汉》之诗曰：「周余黎民，靡有孑遗。」信斯言也，是周无遗民也。孝子之至，莫大乎尊亲；尊亲之至，莫大乎以天下养。为天子父，尊之至也；以天下养，养之至也。《诗》曰：「永言孝思，孝思维则。」此之谓也。《书》曰：「祇载见瞽瞍，夔夔斋栗，瞽瞍亦允若。」是为父不得而子也？』

万章曰：『尧以天下与舜，有诸？』

孟子曰：『否。天子不能以天下与人。』

『然则舜有天下也，孰与之？』

曰：『天与之。』

『天与之者，谆谆然命之乎？』

曰：『否。天不言，以行与事示之而已矣。』

曰：『以行与事示之者，如之何？』

曰：『天子能荐人于天，不能使天与之天下；诸侯能荐人于天子，不能使天子与之诸侯；大夫能荐人于诸侯，不能使诸侯与之大夫。昔者，尧荐舜于天，而天受之；暴之于民，而民受之；故曰，「天不言，以行与事示之而已矣。」』

曰：『敢问荐之于天，而天受之；暴之于民，而民受之，如何？』

曰：『使之主祭，而百神享之，是天受之；使之主事，而事治，百姓安之，是民受之也。天与之，人与之，故曰，天子不能以天下与人。舜相尧二十有八载，非人之所能为也，天也。尧崩，三年之丧毕，舜避尧之子于南河之南，天下诸侯朝觐者，不之尧之子而之舜；讼狱者，不之尧之子而之舜；讴歌者，不讴歌尧之子而讴歌舜，故曰，天也。夫然后之中国，践天子位焉。而居尧之宫，逼尧之子，是篡也，非天与也。《泰誓》曰，「天视自我民视，天听自我民听」，此之谓也。』

万章问曰：『人有言，「至于禹而德衰，不传于贤，而传于子。」有诸？』

孟子曰：『否，不然也。天与贤，则与贤；天与子，则与子。昔者，舜荐禹于天，十有七年，舜崩，三年之丧毕，禹避舜之子于阳城，天下之民从之，若尧崩之后不从尧之子而从舜也。禹荐益于天，七年，禹崩，三年之丧毕，益避禹之子于箕山之阴。朝觐、讼狱者不之益而之启，曰：「吾君之子也。」讴歌者不讴歌益而讴歌启，曰：「吾君之子也。」丹朱之不肖，舜之子亦不肖。舜之相尧、禹之相舜也，历年多，施泽于民久。启贤，能敬承继禹之道。益之相禹也，历年少，施泽于民未久。舜、禹、益相去久远，其子之贤不肖，皆天也，非人之所能为也。莫之为而为者，天也；莫之致而至者，命也。匹夫而有天下者，德必若舜、禹，而又有天子荐之者，故仲尼不有天下。继世以有天下，天之所废，必若桀、纣者也。故益、伊尹、周公不有天下。伊尹相汤以王于天下，汤崩，太丁未立，外丙二年，仲壬四年，太甲颠覆汤之典刑，伊尹放之于桐。三年，太甲悔过，自怨自艾，于桐处仁迁义；三年，以听伊尹之训己也，复归于亳。周公之不有天下，犹益之于夏、伊尹之于殷也。孔子曰：「唐虞禅，夏后殷周继，其义一也。」』

万章问曰：『人有言，「伊尹以割烹要汤」，有诸？』

孟子曰：『否，不然。伊尹耕于有莘之野，而乐尧舜之道焉。非其义也，非其道也，禄之以天下，弗顾也；系马千驷，弗视也。非其义也，非其道也，一介不以与人，一介不以取诸人。汤使人以币聘之，嚣嚣然曰：「我何以汤之聘币为哉？我岂若处畎亩之中，由是以乐尧舜之道哉？」汤三使往聘之，既而幡然改曰：『与我处畎亩之中，由是以乐尧舜之道，吾岂若使

是君为尧舜之君哉？吾岂若使是民为尧舜之民哉？吾岂若于吾身亲见之哉？天之生此民也，使先知觉后知，使先觉觉后觉也。予，天民之先觉者也；予将以斯道觉斯民也。非予觉之，而谁也？」思天下之民，匹夫匹妇有不被尧舜之泽者，若已推而内之沟中。其自任以天下之重如此，故就汤而说之以伐夏救民。吾未闻枉己而正人者也，况辱己以正天下者乎？圣人之行不同也，或远，或近；或去，或不去；归洁其身而已矣。吾闻其以尧舜之道要汤，未闻以割烹也。《伊训》曰：「天诛造攻自牧宫，朕载自亳。」』

万章问曰：『或谓孔子于卫主痈疽，于齐主侍人瘠环，有诸乎？』

孟子曰：『否，不然也。好事者为之也。于卫主颜仇由。弥子之妻与子路之妻，兄弟也。弥子谓子路曰：「孔子主我，卫卿可得也。」子路以告。孔子曰：「有命。」孔子进以礼，退以义，得之不得曰「有命」。而主痈疽与侍人瘠环，是无义无命也。孔子不悦于鲁、卫，遭宋桓司马将要而杀之，微服而过宋。是时孔子当厄，主司城贞子，为陈侯周臣。吾闻观近臣，以其所为主；观远臣，以其所主。若孔子主痈疽与侍人瘠环，何以为孔子？』

万章问曰：『或曰：「百里奚自鬻于秦养牲者五羊之皮，食牛，以要秦穆公。」信乎？』

孟子曰：『否，不然。好事者为之也。百里奚，虞人也。晋人以垂棘之璧与屈产之乘，假道于虞以伐虢。宫之奇谏，百里奚不谏。知虞公之不可谏而去，之秦，年已七十矣；曾不知以食牛干秦穆公之为污也，可谓智乎？不可谏而不谏，可谓不智乎？知虞公之将亡而先去之，不可谓不智也。时举于秦，知穆公之可与有行也而相之，可谓不智乎？相秦而显其君于天下，可传于后世，不贤而能之乎？自鬻以成其君，乡党自好者不为，而谓贤者为之乎？』

万章下

孟子曰：『伯夷，目不视恶色，耳不听恶声。非其君，不事；非其民，不使。治则进，乱则退。横政之所出，横民之所止，不忍居也。思与乡人处，如以朝衣朝冠坐于涂炭也。当纣之时，居北海之滨，以待天下之清也。

故闻伯夷之风者，顽夫廉，懦夫有立志。

『伊尹曰：「何事非君？何使非民？」治亦进，乱亦进，曰：「天之生斯民也，使先知觉后知，使先觉觉后觉。予，天民之先觉者也。予将以此道觉此民也。」思天下之民匹夫匹妇有不与被尧舜之泽者，若己推而内之沟中，其自任以天下之重也。

『柳下惠不羞污君，不辞小官。进不隐贤，必以其道。遗佚而不怨，厄穷而不悯。与乡人处，由由然不忍去也。「尔为尔，我为我，虽袒裼裸裎于我侧，尔焉能浼我哉？」故闻柳下惠之风者，鄙夫宽，薄夫敦。

『孔子之去齐，接淅而行；去鲁，曰：「迟迟吾行也，去父母国之道也。」可以速而速，可以久而久，可以处而处，可以仕而仕，孔子也。』

孟子曰：『伯夷，圣之清者也；伊尹，圣之任者也；柳下惠，圣之和者也；孔子，圣之时者也。孔子之谓集大成。集大成也者，金声而玉振之也。金声也者，始条理也；玉振之也者，终条理也。始条理者，智之事也；终条理者，圣之事也。智，譬则巧也；圣，譬则力也。由射于百步之外也，其至，尔力也；其中，非尔力也。』

北宫锜问曰：『周室班爵禄也，如之何？』

孟子曰：『其详不可得闻也，诸侯恶其害己也，而皆去其籍；然而轲也尝闻其略也。天子一位，公一位，侯一位，伯一位，子、男同一位，凡五等也。君一位，卿一位，大夫一位，上士一位，中士一位，下士一位，凡六等。天子之制，地方千里，公侯皆方百里，伯七十里，子、男五十里，凡四等。不能五十里，不达于天子，附于诸侯，曰附庸。天子之卿受地视侯，大夫受地视伯，元士受地视子、男。大国地方百里，君十卿禄，卿禄四大夫，大夫倍上士，上士倍中士，中士倍下士，下士与庶人在官者同禄，禄足以代其耕也。次国地方七十里，君十卿禄，卿禄三大夫，大夫倍上士，上士倍中士，中士倍下士，下士与庶人在官者同禄，禄足以代其耕也。小国地方五十里，君十卿禄，卿禄二大夫，大夫倍上士，上士倍中士，中士倍下士，下士与庶人在官者同禄，禄足以代其耕也。耕者之所获，一夫百亩；百亩之粪，上农夫食九人，上次食八人，中食七人，中次食六人，下食五人。庶人在官者，其禄以是

为差。』

万章问曰：『敢问友。』

孟子曰：『不挟长，不挟贵，不挟兄弟而友。友也者，友其德也，不可以有挟也。孟献子，百乘之家也，有友五人焉：乐正裘，牧仲，其三人，则予忘之矣。献子之与此五人者友也，无献子之家者也。此五人者，亦有献子之家，则不与之友矣。非惟百乘之家为然也，虽小国之君亦有之。费惠公曰：「吾于子思，则师之矣；吾于颜般，则友之矣；王顺、长息则事我者也。」非惟小国之君为然也，虽大国之君亦有之。晋平公之于亥唐也，入云则入，坐云则坐，食云则食；虽蔬食菜羹，未尝不饱，盖不敢不饱也。然终于此而已矣。弗与共天位也，弗与治天职也，弗与食天禄也，士之尊贤者也，非王公之尊贤也。舜尚见帝，帝馆甥于贰室，亦飨舜，迭为宾主，是天子而友匹夫也。用下敬上，谓之贵贵；用上敬下，谓之尊贤。贵贵尊贤，其义一也。』

万章问曰：『敢问交际何心也？』

孟子曰：『恭也。』

曰：『「却之却之为不恭」，何哉？』

曰：『尊者赐之，曰：「其所取之者，义乎，不义乎？」而后受之，以是为不恭，故弗却也。』

曰：『请无以辞却之，以心却之，曰：「其取诸民之不义也」，而以他辞无受，不可乎？』

曰：『其交也以道，其接也以礼，斯孔子受之矣。』

万章曰：『今有御人于国门之外者，其交也以道，其馈也以礼，斯可受御与？』

曰：『不可。《康诰》曰：「杀越人于货，闵不畏死，凡民罔不憝。」是不待教而诛者也。殷受夏，周受殷，所不辞也；于今为烈，如之何其受之？』

曰：『今之诸侯取之于民也，犹御也。苟善其礼际矣，斯君子受之，敢问何说也？』

曰：『子以为有王者作，将比今之诸侯而诛之乎？其教之不改而后诛之乎？夫谓非其有而取之者盗也，充类至义之尽也。孔子之仕于鲁也，鲁人猎较，孔子亦猎较。猎较犹可，而况受其赐乎？』

曰：『然则孔子之仕也，非事道与？』

曰：『事道也。』

『事道奚猎较也？』

曰：『孔子先簿正祭器，不以四方之食供簿正。』

曰：『奚不去也？』

曰：为之兆也。兆足以行矣，而不行，而后去，是以未尝有所终三年淹也。孔子有见行可之仕，有际可之仕，有公养之仕。于季桓子，见行可之仕也；于卫灵公，际可之仕也；于卫孝公，公养之仕也。』

孟子曰：『仕非为贫也，而有时乎为贫；娶妻非为养也，而有时乎为养。为贫者，辞尊居卑，辞富居贫。辞尊居卑，辞富居贫，恶乎宜乎？抱关击柝。孔子尝为委吏矣，曰：「会计当而已矣。」尝为乘田矣，曰：「牛羊

茁壮长而已矣。」位卑而言高，罪也；立乎人之本朝，而道不行，耻也。』

万章曰：『士之不托诸侯，何也？』

孟子曰：『不敢也。诸侯失国，而后托于诸侯，礼也；士之托于诸侯，非礼也。』

万章曰：『君馈之粟，则受之乎？』

曰：『受之。』

『受之何义也？』

曰：『君之于氓也，固周之。』

曰：『周之则受，赐之则不受，何也？』

曰：『不敢也。』

曰：『敢问其不敢何也？』

曰：『抱关击柝者皆有常职以食于上。无常职而赐于上者，以为不恭也。』

曰：『君馈之，则受之，不识可常继乎？』

曰：『缪公之于子思也，亟问，亟馈鼎肉。子思不悦。于卒也，摽使者出诸大门之外，北面稽首再拜而不受，曰：「今而后知君之犬马畜伋。」盖自是台无馈也。悦贤不能举，又不能养也，可谓悦贤乎？』

曰：『敢问国君欲养君子，如何斯可谓养矣？』

曰：『以君命将之，再拜稽首而受。其后廪人继粟，庖人继肉，不以君命将之。子思以为鼎肉使己仆仆尔亟拜也，非养君子之道也。尧之于舜也，使其子九男事之，二女女焉，百官牛羊仓廪备，以养舜于畎亩之中，后举而加诸上位，故曰，王公之尊贤者也。』

万章曰：『敢问不见诸侯，何义也？』

孟子曰：『在国曰市井之臣，在野曰草莽之臣，皆谓庶人。庶人不传质为臣，不敢见于诸侯，礼也。』

万章曰：『庶人，召之役，则往役；君欲见之，召之，则不往见之，何也？』

曰：『往役，义也；往见，不义也。且君之欲见之也，何为也哉？』

曰：『为其多闻也，为其贤也。』

曰：『为其多闻也，则天子不召师，而况诸侯乎？为其贤也，则吾未闻欲见贤而召之也。缪公亟见于子思，曰：「古千乘之国以友士，何如？」子思不悦，曰：「古之人有言曰，事之云乎，岂曰友之云乎？」子思之不悦也，岂不曰：「以位，则子，君也；我，臣也；何敢与君友也？以德，则子事我者也，奚可以与我友？」千乘之君求与之友而不可得也，而况可召与？齐景公田，招虞人以旌，不至，将杀之。志士不忘在沟壑，勇士不忘丧其元。孔子奚取焉？取非其招不往也。』

曰：『敢问招虞人何以？』

曰：『以皮冠，庶人以旃，士以旂，大夫以旌。以大夫之招招虞人，虞人死不敢往；以士之招招庶人，庶人岂敢往哉？况乎以不贤人之招招贤人乎？欲见贤人而不以其道，犹欲其入而闭之门也。夫义，路也；礼，门也。惟君子能由是路，出入是门也。《诗》云：「周道如底，其直如矢；君子所履，小人所视。」』

万章曰：『孔子，君命召，不俟驾而行；然则孔子非与？』

曰：『孔子当仕有官职，而以其官召之也。』

孟子谓万章曰：『一乡之善士斯友一乡之善士，一国之善士斯友一国之善士，天下之善士斯友天下之善士。以友天下之善士为未足，又尚论古之人。颂其诗，读其书，不知其人，可乎？是以论其世也。是尚友也。』

齐宣王问卿。孟子曰：『王何卿之问也？』

王曰：『卿不同乎？』

曰：『不同。有贵戚之卿，有异姓之卿。』

王曰：『请问贵戚之卿。』

曰：『君有大过则谏；反覆之而不听，则易位。』

王勃然变乎色。

曰：『王勿异也。王问臣，臣不敢不以正对。』

王色定，然后请问异姓之卿。

曰：『君有过则谏，反覆之而不听，则去。』

告子上

告子曰：『性，犹杞柳也。义，犹桮棬也。以人性为仁义，犹以杞柳为桮棬。』

孟子曰：『子能顺杞柳之性而以为桮棬乎？将戕贼杞柳而后以为桮棬也？如将戕贼杞柳而以为桮棬，则亦将戕贼人以为仁义与？率天下之人而祸仁义者，必子之言夫！』

告子曰：『性犹湍水也，决诸东方则东流，决诸西方则西流。人性之无分于善不善也，犹水之无分于东西也。』

孟子曰：『水信无分于东西，无分于上下乎？人性之善也，犹水之就下也。人无有不善，水无有不下。今夫水，搏而跃之，可使过颡；激而行之，可使在山。是岂水之性哉？其势则然也。人之可使为不善，其性亦犹是也。』

告子曰：『生之谓性。』

孟子曰：『生之谓性也，犹白之谓白与？』

曰：『然。』

『白羽之白也，犹白雪之白；白雪之白，犹白玉之白与？』

曰：『然。』

『然则犬之性犹牛之性，牛之性犹人之性与？』

告子曰：『食、色，性也。仁，内也，非外也；义，外也，非内也。』

孟子曰：『何以谓仁内义外也？』

曰：『彼长而我长之，非有长于我也；犹彼白而我白之，从其白于外也，故谓之外也。』

曰：『异于白马之白也，无以异于白人之白也；不识长马之长也，无以异于长人之长与？且谓长者义乎？长之者义乎？』

曰：『吾弟则爱之，秦人之弟则不爱也，是以我为悦者也，故谓之内。长楚人之长，亦长吾之长，是以长为悦者也，故谓之外也。』

曰：『耆秦人之炙，无以异于耆吾炙，夫物则亦有然者也，然则耆炙亦有外与？』

孟季子问公都子曰：『何以谓义内也？』

曰：『行吾敬，故谓之内也。』

『乡人长于伯兄一岁，则谁敬？』

曰：『敬兄。』

『酌则谁先？』

曰：『先酌乡人。』

『所敬在此，所长在彼，果在外，非由内也。』

公都子不能答，以告孟子。

孟子曰：『敬叔父乎？敬弟乎？彼将曰：「敬叔父。」曰：「弟为尸，则谁敬？」彼将曰：「敬弟。」子曰：「恶在其敬叔父也？」彼将曰：「在位故也。」子亦曰：「在位故也。庸敬在兄，斯须之敬在乡人。」』

季子闻之，曰：『敬叔父则敬，敬弟则敬，果在外，非由内也。』

公都子曰：『冬日则饮汤，夏日则饮水，然则饮食亦在外也？』

公都子曰：『告子曰：「性无善无不善也。」或曰：「性可以为善，可

以为不善；是故文、武兴，则民好善；幽、厉兴，则民好暴。』或曰：『有性善，有性不善；是故以尧为君而有象；以瞽瞍为父而有舜；以纣为兄之子，且以为君，而有微子启、王子比干。』今曰：『性善』，然则彼皆非与？』

孟子曰：『乃若其情，则可以为善矣，乃所谓善也。若夫为不善，非才之罪也。恻隐之心，人皆有之；羞恶之心，人皆有之；恭敬之心，人皆有之；是非之心，人皆有之。恻隐之心，仁也；羞恶之心，义也；恭敬之心，礼也；是非之心，智也。仁义礼智，非由外铄我也，我固有之也，弗思耳矣。故曰，「求则得之，舍则失之。」或相倍蓰而无算者，不能尽其才者也。《诗》曰：「天生蒸民，有物有则。民之秉夷，好是懿德。」孔子曰：「为此诗者，其知道乎！故有物必有则，民之秉夷也，故好是懿德。」』

孟子曰：『富岁，子弟多赖；凶岁，子弟多暴。非天之降才尔殊也，其所以陷溺其心者然也。今夫麰麦，播种而耰之，其地同，树之时又同，浡然而生，至于日至之时，皆熟矣。虽有不同，则地有肥硗，雨露之养、人事之不齐也。故凡同类者，举相似也，何独至于人而疑之？圣人，与我同类者。故龙子曰：「不知足而为屦，我知其不为蒉也。」屦之相似，天下之足同也。口之于味，有同耆也。易牙先得我口之所耆者也。如使口之于味也，其性与人殊，若犬马之与我不同类也，则天下何耆皆从易牙之于味也？至于味，天下期于易牙，是天下之口相似也。惟耳亦然。至于声，天下期于师旷，是天下之耳相似也。惟目亦然。至于子都，天下莫不知其姣也。不知子都之姣者，无目者也。故曰，口之于味也，有同耆焉；耳之于声也，有同听焉；目之于色也，有同美焉。至于心，独无所同然乎？心之所同然者何也？谓理也，义也。圣人先得我心之所同然耳。故理义之悦我心，犹刍豢之悦我口。』

孟子曰：『牛山之木尝美矣，以其郊于大国也，斧斤伐之，可以为美乎？是其日夜之所息，雨露之所润，非无萌蘖之生焉，牛羊又从而牧之，是以若彼濯濯也。人见其濯濯也，以为未尝有材焉，此岂山之性也哉？虽存乎人者，岂无仁义之心哉？其所以放其良心者，亦犹斧斤之于木也，旦旦

而伐之，可以为美乎？其日夜之所息，平旦之气，其好恶与人相近也者几希，则其旦昼之所为，有梏亡之矣。梏之反覆，则其夜气不足以存；夜气不足以存，则其违禽兽不远矣。人见其禽兽也，而以为未尝有才焉者，是岂人之情也哉？故苟得其养，无物不长；苟失其养，无物不消。孔子曰：「操则存，舍则亡；出入无时，莫知其乡。」惟心之谓与？』

孟子曰：『无或乎王之不智也。虽有天下易生之物也，一日暴之，十日寒之，未有能生者也。吾见亦罕矣，吾退而寒之者至矣，吾如有萌焉何哉？今夫弈之为数，小数也；不专心致志，则不得也。弈秋，通国之善弈者也。使弈秋诲二人弈，其一人专心致志，惟弈秋之为听。一人虽听之，一心以为有鸿鹄将至，思援弓缴而射之，虽与之俱学，弗若之矣。为是其智弗若与？曰：非然也。』

孟子曰：『鱼，我所欲也；熊掌，亦我所欲也；二者不可得兼，舍鱼而取熊掌者也。生，亦我所欲也；义，亦我所欲也；二者不可得兼，舍生而取义者也。生亦我所欲，所欲有甚于生者，故不为苟得也；死亦我所恶，所恶有甚于死者，故患有所不辟也。如使人之所欲莫甚于生，则凡可以得生者，何不用也？使人之所恶莫甚于死者，则凡可以辟患者，何不为也？由是则生而有不用也，由是则可以辟患而有不为也，是故所欲有甚于生者，所恶有甚于死者。非独贤者有是心也，人皆有之，贤者能勿丧耳。一箪食，一豆羹，得之则生，弗得则死，嘑尔而与之，行道之人弗受；蹴尔而与之，乞人不屑也。万钟则不辩礼义而受之。万钟于我何加焉？为宫室之美、妻妾之奉、所识穷乏者得我与？乡为身死而不受，今为宫室之美为之；乡为身死而不受，今为妻妾之奉为之；乡为身死而不受，今为所识穷乏者得我而为之，是亦不可以已乎？此之谓失其本心。』

孟子曰：『仁，人心也；义，人路也。舍其路而弗由，放其心而不知求，哀哉！人有鸡犬放，则知求之；有放心而不知求。学问之道无他，求其放心而已矣。』

孟子曰：『今有无名之指屈而不信，非疾痛害事也，如有能信之者，则不远秦楚之路，为指之不若人也。指不若人，则知恶之；心不若人，则不

知恶，此之谓不知类也。』

孟子曰：『拱把之桐、梓，人苟欲生之，皆知所以养之者。至于身，而不知所以养之者，岂爱身不若桐、梓哉？弗思甚也。』

孟子曰：『人之于身也，兼所爱。兼所爱，则兼所养也。无尺寸之肤不爱焉，则无尺寸之肤不养也。所以考其善不善者，岂有他哉？于己取之而已矣。体有贵贱，有小大。无以小害大，无以贱害贵。养其小者为小人，养其大者为大人。今有场师，舍其梧、槚，养其樲棘，则为贱场师焉。养其一指而失其肩背，而不知也，则为狼疾人也。饮食之人，则人贱之矣，为其养小以失大也。饮食之人无有失也，则口腹岂适为尺寸之肤哉？』

公都子问曰：『钧是人也，或为大人，或为小人，何也？』

孟子曰：『从其大体为大人，从其小体为小人。』

曰：『钧是人也，或从其大体，或从其小体，何也？』

曰：『耳目之官不思，而蔽于物。物交物，则引之而已矣。心之官则思，思则得之，不思则不得也。此天之所与我者。先立乎其大者，则其小者弗能夺也。此为大人而已矣。』

孟子曰：『有天爵者，有人爵者。仁义忠信，乐善不倦，此天爵也；公卿大夫，此人爵也。古之人修其天爵，而人爵从之。今之人修其天爵，以要人爵；既得人爵，而弃其天爵，则惑之甚者也，终亦必亡而已矣。』

孟子曰：『欲贵者，人之同心也。人人有贵于己者，弗思耳。人之所贵者，非良贵也。赵孟之所贵，赵孟能贱之。《诗》云：「既醉以酒，既饱以德。」言饱乎仁义也，所以不愿人之膏粱之味也；令闻广誉施于身，所以不愿人之文绣也。』

孟子曰：『仁之胜不仁也，犹水胜火。今之为仁者，犹以一杯水救一车薪之火也；不熄，则谓之水不胜火，此又与于不仁之甚者也，亦终必亡而已矣。』

孟子曰：『五谷者，种之美者也；苟为不熟，不如荑稗。夫仁，亦在乎熟之而已矣。』

孟子曰：『羿之教人射，必志于彀；学者亦必志于彀。大匠诲人，必

以规矩；学者亦必以规矩。』

告子下

任人有问屋庐子曰：『礼与食孰重？』

曰：『礼重。』

『色与礼孰重？』

曰：『礼重。』

曰：『以礼食，则饥而死；不以礼食，则得食，必以礼乎？亲迎，则不得妻；不亲迎，则得妻，必亲迎乎？』

屋庐子不能对，明日之邹，以告孟子。

孟子曰：『於答是也，何有？不揣其本，而齐其末，方寸之木可使高于岑楼。金重于羽者，岂谓一钩金与一舆羽之谓哉？取食之重者，与礼之轻者而比之，奚翅食重？取色之重者与礼之轻者而比之，奚翅色重？往应之曰：「紾兄之臂而夺之食，则得食；不紾，则不得食，则将紾之乎？逾东家墙而搂其处子，则得妻；不搂，则不得妻，则将搂之乎？」』

曹交问曰：『人皆可以为尧舜，有诸？』

孟子曰：『然。』

『交闻文王十尺，汤九尺，今交九尺四寸以长，食粟而已，如何则可？』

曰：『奚有于是？亦为之而已矣。有人于此，力不能胜一匹雏，则为无力人矣；今曰举百钧，则为有力人矣。然则举乌获之任，是亦为乌获而已矣。夫人岂以不胜为患哉？弗为耳。徐行后长者谓之弟，疾行先长者谓之不弟。夫徐行者，岂人所不能哉？所不为也。尧舜之道，孝弟而已矣。子服尧之服，诵尧之言，行尧之行，是尧而已矣。子服桀之服，诵桀之言，行桀之行，是桀而已矣。』

曰：『交得见于邹君，可以假馆，愿留而受业于门。』

曰：『夫道若大路然，岂难知哉？人病不求耳。子归而求之，有余师。』

公孙丑问曰：『高子曰：「《小弁》，小人之诗也。」』

孟子曰：『何以言之？』

曰：『怨。』

曰：『固哉，高叟之为诗也！有人于此，越人关弓而射之，则己谈笑而道之；无他，疏之也。其兄关弓而射之，则己垂涕泣而道之；无他，戚之也。《小弁》之怨，亲亲也。亲亲，仁也。固矣夫，高叟之为诗也！』

曰：『《凯风》何以不怨？』

曰：『《凯风》，亲之过小者也；《小弁》，亲之过大者也。亲之过大而不怨，是愈疏也；亲之过小而怨，是不可矶也。愈疏，不孝也；不可矶，亦不孝也。孔子曰：「舜其至孝矣，五十而慕。」』

宋牼将之楚，孟子遇于石丘，曰：『先生将何之？』

曰：『吾闻秦楚构兵，我将见楚王说而罢之。楚王不悦，我将见秦王说而罢之。二王我将有所遇焉。』

曰：『轲也请无问其详，愿闻其指。说之将何如？』

曰：『我将言其不利也。』

曰：『先生之志则大矣，先生之号则不可。先生以利说秦楚之王，秦楚之王悦于利，以罢三军之师，是三军之士乐罢而悦于利也。为人臣者怀利以事其君，为人子者怀利以事其父，为人弟者怀利以事其兄，是君臣、父子、兄弟终去仁义，怀利以相接，然而不亡者，未之有也。先生以仁义说秦楚之王，秦楚之王悦于仁义，而罢三军之师，是三军之士乐罢而悦于仁义也。为人臣者怀仁义以事其君，为人子者怀仁义以事其父，为人弟者怀仁义以事其兄，是君臣、父子、兄弟去利，怀仁义以相接也，然而不王者，未之有也。何必曰利？』

孟子居邹，季任为任处守，以币交，受之而不报。处于平陆，储子为相，以币交，受之而不报。他日，由邹之任，见季子；由平陆之齐，不见储子。屋庐子喜曰：『连得间矣。』问曰：『夫子之任，见季子；之齐，不见储子，为其为相与？』

曰：『非也；《书》曰：「享多仪，仪不及物曰不享，惟不役志于享。」为其不成享也。』

屋庐子悦。或问之。屋庐子曰：『季子不得之邹，储子得之平陆。』

淳于髡曰：『先名实者，为人也；后名实者，自为也。夫子在三卿之中，名实未加于上下而去之，仁者固如此乎？』

孟子曰：『居下位，不以贤事不肖者，伯夷也；五就汤，五就桀者，伊尹也；不恶污君，不辞小官者，柳下惠也。三子者不同道，其趋一也。一者何也？曰：仁也。君子亦仁而已矣，何必同？』

曰：『鲁缪公之时，公仪子为政，子柳、子思为臣，鲁之削也滋甚；若是乎，贤者之无益于国也！』

曰：『虞不用百里奚而亡，秦穆公用之而霸。不用贤则亡，削何可得与？』

曰：『昔者王豹处于淇，而河西善讴；绵驹处于高唐，而齐右善歌；华周、杞梁之妻善哭其夫，而变国俗。有诸内，必形诸外。为其事而无其功者，髡未尝睹之也。是故无贤者也；有则髡必识之。』

曰：『孔子为鲁司寇，不用，从而祭，燔肉不至，不税冕而行。不知者以为为肉也，其知者以为为无礼也。乃孔子则欲以微罪行，不欲为苟去。君子之所为，众人固不识也。』

孟子曰：『五霸者，三王之罪人也；今之诸侯，五霸之罪人也；今之大夫，今之诸侯之罪人也。天子适诸侯曰巡狩，诸侯朝于天子曰述职。春省耕而补不足，秋省敛而助不给。入其疆，土地辟，田野治，养老尊贤，俊杰在位，则有庆，庆以地。入其疆，土地荒芜，遗老失贤，掊克在位，则有让。一不朝，则贬其爵；再不朝，则削其地；三不朝，则六师移之。是故天子讨而不伐，诸侯伐而不讨。五霸者，搂诸侯以伐诸侯者也，故曰，五霸者，三王之罪人也。五霸，桓公为盛。葵丘之会，诸侯束牲载书而不歃血。初命曰：「诛不孝，无易树子，无以妾为妻。」再命曰：「尊贤育才，以彰有德。」三命曰：「敬老慈幼，无忘宾旅。」四命曰：「士无世官，官事无摄，取士必得，无专杀大夫。」五命曰：「无曲防，无遏籴，无有封而不告。」曰：「凡我同盟之人，既盟之后，言归于好。」今之诸侯皆犯此五禁，故曰：今之诸侯，五霸之罪人也。长君之恶其罪小，逢君之恶其罪大。今之大夫皆逢君之恶，故曰：今之大夫，今之诸侯之罪人也。』

鲁欲使慎子为将军。孟子曰：『不教民而用之，谓之殃民。殃民者，不容于尧舜之世。一战胜齐，遂有南阳，然且不可。』

慎子勃然不悦曰：『此则滑厘所不识也。』

曰：『吾明告子：天子之地方千里；不千里，不足以待诸侯。诸侯之地方百里；不百里，不足以守宗庙之典籍。周公之封于鲁，为方百里也；地非不足也，而俭于百里。太公之封于齐也，亦为方百里也；地非不足也，而俭于百里。今鲁方百里者五，子以为有王者作，则鲁在所损乎，在所益乎？徒取诸彼以与此，然且仁者不为，况于杀人以求之乎？君子之事君也，务引其君以当道，志于仁而已。』

孟子曰：『今之事君者皆曰：「我能为君辟土地，充府库。」今之所谓良臣，古之所谓民贼也。君不乡道，不志于仁，而求富之，是富桀也。「我能为君约与国，战必克。」今之所谓良臣，古之所谓民贼也。君不乡道，不志于仁，而求为之强战，是辅桀也。由今之道，无变今之俗，虽与之天下，不能一朝居也。』

白圭曰：『吾欲二十而取一，何如？』

孟子曰：『子之道，貉道也。万室之国，一人陶，则可乎？』

曰：『不可。器不足用也。』

曰：『夫貉，五谷不生，惟黍生之；无城郭、宫室、宗庙、祭祀之礼，无诸侯币帛饔飧，无百官有司，故二十取一而足也。今居中国，去人伦，无君子，如之何其可也？陶以寡，且不可以为国，况无君子乎？欲轻之于尧舜之道者，大貉小貉也；欲重之于尧舜之道者，大桀小桀也。』

白圭曰：『丹之治水也愈于禹。』

孟子曰：『子过矣。禹之治水，水之道也，是故禹以四海为壑。今吾子以邻国为壑。水逆行谓之洚水，洚水者，洪水也，仁人之所恶也。吾子过矣。』

孟子曰：『君子不亮，恶乎执？』

鲁欲使乐正子为政。孟子曰：『吾闻之，喜而不寐。』

公孙丑曰：『乐正子强乎？』

曰：『否。』

『有知虑乎？』

曰：『否。』

『多闻识乎？』

曰：『否。』

『然则奚为喜而不寐？』

曰：『其为人也好善。』

『好善足乎？』

曰：『好善优于天下，而况鲁国乎？夫苟好善，则四海之内皆将轻千里而来告之以善；夫苟不好善，则人将曰：「訑訑，予既已知之矣！」訑訑之声音颜色，距人于千里之外。士止于千里之外，则谗谄面谀之人至矣。与谗谄面谀之人居，国欲治，可得乎？』

陈子曰：『古之君子何如则仕？』

孟子曰：『所就三，所去三。迎之致敬以有礼；言，将行其言也，则就之。礼貌未衰，言弗行也，则去之。其次，虽未行其言也，迎之致敬以有礼，则就之。礼貌衰，则去之。其下，朝不食，夕不食，饥饿不能出门户，君闻之，曰：「吾大者不能行其道，又不能从其言也，使饥饿于我土地，吾耻之。」周之，亦可受也，免死而已矣。』

孟子曰：『舜发于畎亩之中，傅说举于版筑之间，胶鬲举于鱼盐之中，管夷吾举于士，孙叔敖举于海，百里奚举于市。故天将降大任于是人也，必先苦其心志，劳其筋骨，饿其体肤，空乏其身，行拂乱其所为，所以动心忍性，曾益其所不能。人恒过，然后能改；困于心，衡于虑，而后作；征于色，发于声，而后喻。入则无法家拂士，出则无敌国外患者，国恒亡。然后知生于忧患而死于安乐也。』

孟子曰：『教亦多术矣，予不屑之教诲也者，是亦教诲之而已矣。』

尽心上

孟子曰：『尽其心者，知其性也。知其性，则知天矣。存其心，养其性，所以事天也。夭寿不贰，修身以俟之，所以立命也。』

孟子曰：『莫非命也，顺受其正；是故知命者，不立乎岩墙之下。尽其道而死者，正命也；桎梏死者，非正命也。』

孟子曰：『求则得之，舍则失之，是求有益于得也，求在我者也。求之有道，得之有命，是求无益于得也，求在外者也。』

孟子曰：『万物皆备于我矣。反身而诚，乐莫大焉。强恕而行，求仁莫近焉。』

孟子曰：『行之而不著焉，习矣而不察焉，终身由之而不知其道者，众也。』

孟子曰：『人不可以无耻。无耻之耻，无耻矣。』

孟子曰：『耻之于人大矣。为机变之巧者，无所用耻焉。不耻不若人，何若人有？』

孟子曰：『古之贤王好善而忘势；古之贤士何独不然？乐其道而忘人之势，故王公不致敬尽礼，则不得亟见之。见且由不得亟，而况得而臣之乎？』

孟子谓宋句践曰：『子好游乎？吾语子游。人知之，亦嚣嚣；人不知，亦嚣嚣。』

曰：『何如斯可以嚣嚣矣？』

曰：『尊德乐义，则可以嚣嚣矣。故士穷不失义，达不离道。穷不失义，故士得己焉；达不离道，故民不失望焉。古之人，得志，泽加于民；不得志，修身见于世。穷则独善其身，达则兼善天下。』

孟子曰：『待文王而后兴者，凡民也。若夫豪杰之士，虽无文王犹兴。』

孟子曰：『附之以韩、魏之家，如其自视欿然，则过人远矣。』

孟子曰：『以佚道使民，虽劳不怨。以生道杀民，虽死不怨杀者。』

孟子曰：『霸者之民，驩虞如也；王者之民，皞皞如也。杀之而不怨，利之而不庸，民日迁善而不知为之者。夫君子所过者化，所存者神，上下与天地同流，岂曰小补之哉？』

孟子曰：『仁言不如仁声之入人深也，善政不如善教之得民也。善

政，民畏之；善教，民爱之。善政得民财，善教得民心。』

孟子曰：『人之所不学而能者，其良能也；所不虑而知者，其良知也。孩提之童，无不知爱其亲者；及其长也，无不知敬其兄也。亲亲，仁也；敬长，义也。无他，达之天下也。』

孟子曰：『舜之居深山之中，与木石居，与鹿豕游，其所以异于深山之野人者几希。及其闻一善言，见一善行，若决江河，沛然莫之能御也。』

孟子曰：『无为其所不为，无欲其所不欲，如此而已矣。』

孟子曰：『人之有德慧术知者，恒存乎疢疾。独孤臣孽子，其操心也危，其虑患也深，故达。』

孟子曰：『有事君人者，事是君则为容悦者也；有安社稷臣者，以安社稷为悦者也；有天民者，达可行于天下而后行之者也；有大人者，正己而物正者也。』

孟子曰：『君子有三乐，而王天下不与存焉。父母俱存，兄弟无故，一乐也；仰不愧于天，俯不怍于人，二乐也；得天下英才而教育之，三乐也。君子有三乐，而王天下不与存焉！』

孟子曰：『广土众民，君子欲之，所乐不存焉；中天下而立，定四海之民，君子乐之，所性不存焉。君子所性，虽大行不加焉，虽穷居不损焉，分定故也。君子所性，仁、义、礼、智根于心，其生色也睟然，见于面，盎于背，施于四体，四体不言而喻。』

孟子曰：『伯夷辟纣，居北海之滨，闻文王作，兴曰：「盍归乎来！吾闻西伯善养老者。」太公辟纣，居东海之滨，闻文王作，兴曰：「盍归乎来！吾闻西伯善养老者。」天下有善养老，则仁人以为己归矣。五亩之宅，树墙下以桑，匹妇蚕之，则老者足以衣帛矣。五母鸡，二母彘，无失其时，老者足以无失肉矣。百亩之田，匹夫耕之，八口之家足以无饥矣。所谓西伯善养老者，制其田里，教之树畜，导其妻子使养其老。五十非帛不暖，七十非肉不饱。不暖不饱，谓之冻馁。文王之民无冻馁之老者，此之谓也。』

孟子曰：『易其田畴，薄其税敛，民可使富也。食之以时，用之以礼，财不可胜用也。民非水火不生活，昏暮叩人之门户，求水火，无弗与者，至

足矣。圣人治天下，使有菽粟如水火。菽粟如水火，而民焉有不仁者乎？』

孟子曰：『孔子登东山而小鲁，登泰山而小天下。故观于海者难为水，游于圣人之门者难为言。观水有术，必观其澜。日月有明，容光必照焉。流水之为物也，不盈科不行；君子之志于道也，不成章不达。』

孟子曰：『鸡鸣而起，孳孳为善者，舜之徒也；鸡鸣而起，孳孳为利者，跖之徒也。欲知舜与跖之分，无他，利与善之间也。』

孟子曰：『杨子取为我，拔一毛而利天下，不为也。墨子兼爱，摩顶放踵利天下，为之。子莫执中，执中为近之。执中无权，犹执一也。所恶执一者，为其贼道也，举一而废百也。』

孟子曰：『饥者甘食，渴者甘饮，是未得饮食之正也，饥渴害之也。岂惟口腹有饥渴之害？人心亦皆有害。人能无以饥渴之害为心害，则不及人不为忧矣。』

孟子曰：『柳下惠不以三公易其介。』

孟子曰：『有为者辟若掘井，掘井九轫而不及泉，犹为弃井也。』

孟子曰：『尧、舜，性之也；汤、武，身之也；五霸，假之也。久假而不归，恶知其非有也。』

公孙丑曰：『伊尹曰：「予不狎于不顺，放太甲于桐，民大悦。太甲贤，又反之，民大悦。」贤者之为人臣也，其君不贤，则固可放与？』

孟子曰：『有伊尹之志，则可；无伊尹之志，则篡也。』

公孙丑曰：『《诗》曰：「不素餐兮！」君子之不耕而食，何也？』

孟子曰：『君子居是国也，其君用之，则安富尊荣；其子弟从之，则孝悌忠信。「不素餐兮」，孰大于是？』

王子垫问曰：『士何事？』

孟子曰：『尚志。』

曰：『何谓尚志？』

曰：『仁义而已矣。杀一无罪非仁也，非其有而取之非义也。居恶在？仁是也；路恶在？义是也。居仁由义，大人之事备矣。』

孟子曰：『仲子，不义与之齐国而弗受，人皆信之，是舍箪食豆羹之义

也。人莫大焉亡亲戚君臣上下。以其小者信其大者，奚可哉？』

桃应问曰：『舜为天子，皋陶为士，瞽瞍杀人，则如之何？』

孟子曰：『执之而已矣。』

『然则舜不禁与？』

曰：『夫舜恶得而禁之？夫有所受之也。』

『然则舜如之何？』

曰：『舜视弃天下犹弃敝屣也。窃负而逃，遵海滨而处，终身䜣然，乐而忘天下。』

孟子自范之齐，望见齐王之子，喟然叹曰：『居移气，养移体，大哉居乎！夫非尽人之子与？』

孟子曰：『王子宫室、车马、衣服多与人同，而王子若彼者，其居使之然也；况居天下之广居者乎？鲁君之宋，呼于垤泽之门。守者曰：「此非吾君也，何其声之似我君也？」此无他，居相似也。』

孟子曰：『食而弗爱，豕交之也；爱而不敬，兽畜之也。恭敬者，币之未将者也。恭敬而无实，君子不可虚拘。』

孟子曰：『形色，天性也；惟圣人然后可以践形。』

齐宣王欲短丧。公孙丑曰：『为期之丧，犹愈于已乎？』

孟子曰：『是犹或紾其兄之臂，子谓之姑徐徐云尔，亦教之孝悌而已矣。』

王子有其母死者，其傅为之请数月之丧。公孙丑曰：『若此者何如也？』

曰：『是欲终之而不可得也。虽加一日愈于已，谓夫莫之禁而弗为者也。』

孟子曰：『君子之所以教者五：有如时雨化之者，有成德者，有达财者，有答问者，有私淑艾者。此五者，君子之所以教也。』

公孙丑曰：『道则高矣，美矣，宜若登天然，似不可及也。何不使彼为可几及而日孳孳也？』

孟子曰：『大匠不为拙工改废绳墨，羿不为拙射变其彀率。君子引而

不发，跃如也。中道而立，能者从之。』

孟子曰：『天下有道，以道殉身；天下无道，以身殉道；未闻以道殉乎人者也。』

公都子曰：『滕更之在门也，若在所礼，而不答，何也？』

孟子曰：『挟贵而问，挟贤而问，挟长而问，挟有勋劳而问，挟故而问，皆所不答也。滕更有二焉。』

孟子曰：『于不可已而已者，无所不已。于所厚者薄，无所不薄也。其进锐者，其退速。』

孟子曰：『君子之于物也，爱之而弗仁；于民也，仁之而弗亲。亲亲而仁民，仁民而爱物。』

孟子曰：『知者无不知也，当务之为急；仁者无不爱也，急亲贤之为务。尧、舜之知而不遍物，急先务也；尧、舜之仁不遍爱人，急亲贤也。不能三年之丧，而缌、小功之察；放饭流歠，而问无齿决，是之谓不知务。』

尽心下

孟子曰：『不仁哉梁惠王也！仁者以其所爱及其所不爱，不仁者以其所不爱及其所爱。』

公孙丑问曰：『何谓也？』

『梁惠王以土地之故，糜烂其民而战之，大败，将复之，恐不能胜，故驱其所爱子弟以殉之，是之谓以其所不爱及其所爱也。』

孟子曰：『春秋无义战。彼善于此，则有之矣。征者，上伐下也，敌国不相征也。』

孟子曰：『尽信《书》，则不如无《书》。吾于《武成》，取二三策而已矣。仁人无敌于天下，以至仁伐至不仁，而何其血之流杵也？』

孟子曰：『有人曰：「我善为陈，我善为战」，大罪也。国君好仁，天下无敌焉。南面而征，北夷怨；东面而征，西夷怨，曰：「奚为后我？」武王之伐殷也，革车三百两，虎贲三千人。王曰：「无畏！宁尔也，非敌百姓也。」若崩厥角稽首。征之为言正也，各欲正己也，焉用战？』

孟子曰：『梓匠轮舆能与人规矩，不能使人巧。』

孟子曰：『舜之饭糗茹草也，若将终身焉；及其为天子也，被袗衣，鼓琴，二女果，若固有之。』

孟子曰：『吾今而后知杀人亲之重也：杀人之父，人亦杀其父；杀人之兄，人亦杀其兄。然则非自杀之也，一间耳。』

孟子曰：『古之为关也，将以御暴；今之为关也，将以为暴。』

孟子曰：『身不行道，不行于妻子；使人不以道，不能行于妻子。』

孟子曰：『周于利者，凶年不能杀；周于德者，邪世不能乱。』

孟子曰：『好名之人，能让千乘之国，苟非其人，箪食、豆羹见于色。』

孟子曰：『不信仁贤，则国空虚；无礼义，则上下乱；无政事，则财用不足。』

孟子曰：『不仁而得国者，有之矣；不仁而得天下者，未之有也。』

孟子曰：『民为贵，社稷次之，君为轻。是故得乎丘民而为天子，得乎天子为诸侯，得乎诸侯为大夫。诸侯危社稷，则变置。牺牲既成，粢盛既洁，祭祀以时，然而旱干水溢，则变置社稷。』

孟子曰：『圣人，百世之师也，伯夷、柳下惠是也。故闻伯夷之风者，顽夫廉，懦夫有立志；闻柳下惠之风者，薄夫敦，鄙夫宽。奋乎百世之上，百世之下，闻者莫不兴起也。非圣人而能若是乎？而况于亲炙之者乎？』

孟子曰：『仁也者，人也。合而言之，道也。』

孟子曰：『孔子之去鲁，曰：「迟迟吾行也，去父母国之道也。」去齐，接淅而行，去他国之道也。』

孟子曰：『君子之厄于陈、蔡之间，无上下之交也。』

貉稽曰：『稽大不理于口。』

孟子曰：『无伤也。士憎兹多口。《诗》云：「忧心悄悄，愠于群小。」孔子也。「肆不殄厥愠，亦不殒厥问。」文王也。』

孟子曰：『贤者以其昭昭，使人昭昭；今以其昏昏，使人昭昭。』

孟子谓高子曰：『山径之蹊间，介然用之而成路；为间不用，则茅塞之矣。今茅塞子之心矣。』

高子曰：『禹之声尚文王之声。』

孟子曰：『何以言之？』

曰：『以追蠡。』

曰：『是奚足哉？城门之轨，两马之力与？』

齐饥。陈臻曰：『国人皆以夫子将复为发棠，殆不可复。』

孟子曰：『是为冯妇也。晋人有冯妇者，善搏虎，卒为善士。则之野，有众逐虎。虎负嵎，莫之敢撄。望见冯妇，趋而迎之。冯妇攘臂下车。众皆悦之，其为士者笑之。』

孟子曰：『口之于味也，目之于色也，耳之于声也，鼻之于臭也，四肢之于安佚也，性也，有命焉，君子不谓性也。仁之于父子也，义之于君臣也，礼之于宾主也，知之于贤者也，圣人之于天道也，命也，有性焉，君子不谓命也。』

浩生不害问曰：『乐正子何人也？』

孟子曰：『善人也，信人也。』

『何谓善？何谓信？』

曰：『可欲之谓善，有诸己之谓信，充实之谓美，充实而有光辉之谓大，大而化之之谓圣，圣而不可知之之谓神。乐正子，二之中、四之下也。』

孟子曰：『逃墨必归于杨，逃杨必归于儒。归，斯受之而已矣。今之与杨、墨辩者，如追放豚，既入其苙，又从而招之。』

孟子曰：『有布缕之征，粟米之征，力役之征。君子用其一，缓其二。用其二而民有殍，用其三而父子离。』

孟子曰：『诸侯之宝三：土地，人民，政事。宝珠玉者，殃必及身。』

盆成括仕于齐，孟子曰：『死矣盆成括！』

盆成括见杀，门人问曰：『夫子何以知其将见杀？』

曰：『其为人也小有才，未闻君子之大道也，则足以杀其躯而已矣。』

孟子之滕，馆于上宫。有业屦于牖上，馆人求之弗得。或问之曰：

『若是乎从者之廋也？』

曰：『子以是为窃屦来与？』

曰：『殆非也。夫子之设科也，往者不追，来者不拒。苟以是心至，斯

受之而已矣。』

孟子曰：『人皆有所不忍，达之于其所忍，仁也；人皆有所不为，达之于其所为，义也。人能充无欲害人之心，而仁不可胜用也；人能充无穿逾之心，而义不可胜用也；人能充无受尔汝之实，无所往而不为义也。士未可以言而言，是以言餂之也；可以言而不言，是以不言餂之也，是皆穿逾之类也。』

孟子曰：『言近而指远者，善言也；守约而施博者，善道也。君子之言也，不下带而道存焉；君子之守，修其身而天下平。人病舍其田而芸人之田，所求于人者重，而所以自任者轻。』

孟子曰：『尧、舜，性者也；汤、武，反之也。动容周旋中礼者，盛德之至也。哭死而哀，非为生者也。经德不回，非以干禄也。言语必信，非以正行也。君子行法，以俟命而已矣。』

孟子曰：『说大人，则藐之，勿视其巍巍然。堂高数仞，榱题数尺，我得志，弗为也。食前方丈，侍妾数百人，我得志，弗为也。般乐饮酒，驱骋田猎，后车千乘，我得志，弗为也。在彼者，皆我所不为也；在我者，皆古之制也，吾何畏彼哉？』

孟子曰：『养心莫善于寡欲。其为人也寡欲，虽有不存焉者，寡矣；其为人也多欲，虽有存焉者，寡矣。』

曾晳嗜羊枣，而曾子不忍食羊枣。公孙丑问曰：『脍炙与羊枣孰美？』

孟子曰：『脍炙哉！』

公孙丑曰：『然则曾子何为食脍炙而不食羊枣？』

曰：『脍炙所同也，羊枣所独也。讳名不讳姓，姓所同也，名所独也。』

万章问曰：『孔子在陈曰：「盍归乎来！吾党之士狂简，进取，不忘其初。」孔子在陈，何思鲁之狂士？』

孟子曰：『孔子「不得中道而与之，必也狂狷乎！狂者进取，狷者有所不为也。」孔子岂不欲中道哉？不可必得，故思其次也。』

『敢问何如斯可谓狂矣？』

曰：『如琴张、曾皙、牧皮者，孔子之所谓狂矣。』

『何以谓之狂也？』

曰：『其志嘐嘐然，曰：「古之人，古之人。」夷考其行，而不掩焉者也。狂者又不可得，欲得不屑不洁之士而与之，是狷也，是又其次也。孔子曰：「过我门而不入我室，我不憾焉者，其惟乡原乎！乡原，德之贼也。」』

曰：『何如斯可谓乡原矣？』

曰：『「何以是嘐嘐也？言不顾行，行不顾言，则曰：古之人，古之人。行何为踽踽凉凉？生斯世也，为斯世也，善斯可矣。」阉然媚于世也者，是乡原也。』

万子曰：『一乡皆称原人焉，无所往而不为原人，孔子以为德之贼，何哉？』

曰：『非之无举也，刺之无刺也，同乎流俗，合乎污世，居之似忠信，行之似廉洁，众皆悦之，自以为是，而不可与入尧舜之道，故曰「德之贼」也。孔子曰：恶似而非者：恶莠，恐其乱苗也；恶佞，恐其乱义也；恶利口，恐其乱信也；恶郑声，恐其乱乐也；恶紫，恐其乱朱也；恶乡原，恐其乱德也。君子反经而已矣。经正，则庶民兴；庶民兴，斯无邪慝矣。』

孟子曰：『由尧、舜至于汤，五百有余岁；若禹、皋陶，则见而知之；若汤，则闻而知之。由汤至于文王，五百有余岁，若伊尹、莱朱，则见而知之，若文王，则闻而知之。由文王至于孔子，五百有余岁，若太公望、散宜生，则见而知之；若孔子，则闻而知之。由孔子而来至于今，百有余岁，去圣人之世若此其未远也，近圣人之居若此其甚也，然而无有乎尔，则亦无有乎尔。』

（李兰芳　于建平　校订）